Bauwelt Fundamente 88

Herausgegeben von
Ulrich Conrads und Peter Neitzke

Beirat:
Gerd Albers
Hansmartin Bruckmann
Lucius Burckhardt
Gerhard Fehl
Herbert Hübner
Julius Posener
Thomas Sieverts

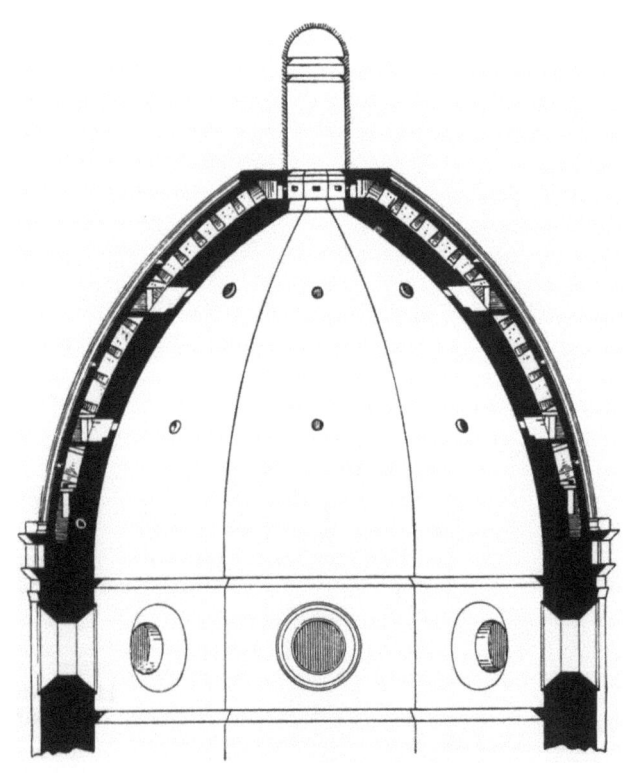

Lotrechter Schnitt der Domkuppel

Leopold Ziegler

Florentinische Introduktion zu einer Theorie der Architektur und der bildenden Künste 1911/1912

Dem Bildhauer Karl Albiker zur Erinnerung an die Villa-Romana-Tage

Friedr. Vieweg & Sohn   Braunschweig/Wiesbaden

Umschlagbilder:
Palazzo Pitti, Florenz; Hofseite des Mittelbaus
Querschnitt/Untersicht der Kuppel des Doms zu Florenz

Dieses Buch erschien erstmals unter dem gleichen Titel 1912
im Felix Meiner Verlag, Leipzig.
Die vorliegende Ausgabe ist ein unveränderter Neudruck der
1. Auflage, ergänzt durch ein Vorwort von Ulrich Conrads
und eine ausführliche biographische Notiz.

Der Verlag Vieweg ist ein Unternehmen der Verlagsgruppe Bertelsmann.

Alle Rechte vorbehalten
© Friedr. Vieweg & Sohn Verlagsgesellschaft mbH, Braunschweig 1989
Umschlagentwurf: Helmut Lortz
Druck und buchbinderische Verarbeitung: W. Langelüddecke, Braunschweig
Printed in Germany

ISBN 3-528-08788-9   ISSN 0522-5094

Ein verlorenes Buch?

Die vorliegende Abhandlung ist eine Übung des Sehens und Denkens. Ihr Autor weilte zur Zeit ihrer Niederschrift als Gast in der Villa Romana. So ist das Pensum des Sehens und Philosophierens Florenz: die Stadt, die Landschaft, in die sie eingebettet ist; ihre berühmten Kirchen, allen voran der Dom, S. Maria del Fiore, ebenso die Stadtpaläste der Nobili; aber auch die Bildwerke, die Florenz beherbergt. Wo diese in die Betrachtung — „Betrachtung in doppelter Sprachbedeutung" — einbezogen werden, sind es gleichwohl immer wieder architektonische Aspekte, zu denen die Exkurse hinleiten. Kurz, die zufällige Gelegenheit, der es „überlassen blieb, was, wieviel, mit welcher Genauigkeit und Schulung der Verfasser sah", heißt Florenz. Und folgerichtig nennt er seinen Essay *florentinische Introduktion*.

Das Denken, das sich an das Wahrgenommene knüpft, ist indessen alles andere als zufällig, auch wenn es strenger Systematik ermangelt. Es ist ein den Gegenständen adäquates, forschendes, immer wieder vom forschenden Auge geleitetes Denken, das den künstlerischen Phänomenen beizukommen sucht; zu dem — den Leser einstweilen überraschenden — Schluß, daß allgemein die Einsicht Platz greifen möge: *Das Haus zu bauen ist unmöglich*. Denn „das *Haus* ist eine Idee". Es zu bauen „scheitert am Paradox der Aufgabe, den unendlichen und stetigen Raum durch einen besonderen Formzusammenhang von Wand, Mauer und Dach ein für allemal zu umfriedigen." — „Arbeiten wir indessen alle daran", schließt der Verfasser, „damit wieder die Kunst erschaffen werde, *Häuser* zu errichten."

Eine solche Aufforderung —mitsamt der kritischen Ableitungen, die ihr zugrunde liegen — mußte 1912, mitten im Bauboom vor dem Ersten Weltkrieg, mindestens Erstaunen, wenn nicht gar völliges Unverständnis auslösen. In Deutschland erscheint ein solcher Appell ganz einfach absurd. Es werden allüberall Häuser sonder Zahl gebaut. Wer ist schon Leopold Ziegler, wer kennt auch nur seinen Namen? Und wenn, was ist Besonderes daran, daß sich ein junger Mann offenbar mit philosophischen Ambitionen in Florenz umgesehen hat? Jeder Bildungsbürger tut das, wenn er kann; und für Architekten ist es längst feste Tradition. Den Namen Leopold Ziegler einzuordnen, ist damals bestenfalls nur jenen möglich, die seine Erstlingsschriften: „Die Metaphysik des Tragischen" (1902) und „Das Wesen der Kultur" (1903) noch in Erinnerung hatten oder seine Streitschrift gegen Richard Wagner kannten, zwei Jahre vor Drucklegung der *Introduktion* erschienen, Titel: „Die Tyrannei des Gesamtkunstwerks".

Aber zielte nicht gerade in jenen Jahren jedwede Neuerer-Bewegung, und es gab deren ja Dutzende, auf ein ungeteiltes Ganzes, auf eine umfassende Reform? Äußerte sich der Zeitgeist jener Jahre irgendwo eindeutiger als im Streben nach dem „Gesamtkunstwerk", was immer darunter auch verstanden wurde, das Zusammengehen der Künste oder die Einheit von Lebensvollzug und künstlerischer Arbeit? Und war man nicht seit geraumer Zeit bemüht, also dem Verfasser weit voraus, den Hausbau aufs neue in den Rang künstlerischer Hervorbringung zu heben? Muthesius erstes dreibändiges Engagement für „Das englische Haus" liegt schon Jahre zurück, 1904, und tut längst Wirkung. Wasmuth hat eben, 1910, die Architektur Frank Lloyd Wrights publik gemacht, auch dies mit großem Echo, wie man weiß. Olbrich und van de Velde sind schon mehr als nur Namen. Gropius und Meyer haben das Faguswerk fertiggestellt; und Behrens das Mannesmann-Hochhaus; in Stuttgart liegt Bonatz' Entwurf für den Hauptbahnhof auf dem Tisch, sämtlich Zeichen – weitreichende Zeichen – einer Erneuerung der Baukultur, mögen auch in der Masse immer noch die Wilhelminischen Stilblüten dominieren.

Doch auch sonst ist die Zeit alles andere als eine magere. Freuds Aufklärung „Über Psychoanalyse" (1910) beunruhigt die Zeitgenossen ebenso wie Cassirers Darlegung über „Substanzbegriff und Funktionsbegriff" aus demselben Jahr. Wilhelm Worringers menschheitsphilosophische Betrachtungen über „Abstraktion und Einfühlung", 1908, und die „Formprobleme der Gotik", 1911, korrespondieren auf spannungsreiche Weise mit Diltheys Auseinandersetzungen über den Grundbegriff des Verstehens („Der Aufbau der geschichtlichen Methode in den Geisteswissenschaften", 1910). Weiter: Julius Meier-Gräfe hat das Werk des Hans von Marees entdeckt; die Künstlervereinigungen „Die Brücke" und „Der Blaue Reiter" bringen den deutschen bildnerischen Expressionismus zu öffentlicher Geltung. Und die Sonderbund-Ausstellung in Köln wartet 1912, dem Erscheinungsjahr der *Introduktion*, mit der ersten umfassenden Ausstellung der europäischen Moderne auf.

In solcher Unruhe war ein so stilles, so wenig vorlautes Buch wie die *Florentinische Introduktion* so marginal wie unzeitgemäß. Es hatte kaum Chancen, beachtet zu werden. Und so hat es denn auch nie eine Neuauflage gegeben, auch nicht nach 1945, noch zu Lebzeiten Zieglers, der, nahezu ganz vereinsamt, im November 1958 in Überlingen starb. Was wir hier vorlegen, ist also ein verlorenes Buch.

Fast wäre ihm nach einem halben Jahrhundert dieses Schicksal ein zweites Mal widerfahren. Es war der *Introduktion* nämlich eine relativ frühe Nummer in den Bauwelt Fundamenten zugedacht. Ende der sechziger Jahre schon erwogen wir, den Neudruck ins Programm zu nehmen. Zieglers Abhandlung würde, so spekulierten wir, als eine Art störendes Treibholz zwischen den aktuell gezimmerten Balken architekturtheoretischer Ansätze und Brückenschläge mitschwimmen und das oft allzu flüchtige Sehen, Hinsehen, ein wenig korrigieren.

Man hat uns aber überzeugt, daß diese Erwartung sich als trügerisch erweisen werde. Das intensive Forschen und Nachdenken über Architektur war in jenen Jahren nahezu total besetzt von den um 1968 virulent aufbrechenden Fragen nach der politischen Legitimation des Entwerfens und Bauens, nach den ursurpatorischen Mißständen in der Bauproduktion, den verharzten Verflechtungen von Kapital und Machtinteressen unter Vorspiegelung hehrer Gemeinnützigkeit. Dazu hätte besser als seine *Introduktion* Zieglers frühere Schrift über „Das Wesen der Kultur" (1903) gepaßt, die er aus Protest gegen Chauvinismus und Machtwahn der Wilhelminischen Ära schrieb, gegen die Auswüchse einer Epoche, der „das rein menschliche Ansich des Menschen" fremd war.

So hat die zweite Drucklegung der *Florentinischen Introduktion* weitere zwanzig Jahre warten müssen. Jetzt endlich wird man sie, vor dem Hintergrund der bereits sichtlich verblassenden postmodernen Architektur-Exaltationen, ruhiger und geduldiger nachlesen. Und ich denke: mit Gewinn.

Ulrich Conrads

In den folgenden Blättern versuchte ich zweierlei zu vereinigen, was die philosophische Gepflogenheit sonst mit methodischer Absicht scheidet: sehen und denken. Im Unterschiede zur herkömmlichen Ästhetik wird hier der Gedanke, ähnlich wie im „Laokoon", angesichts des besonderen Eindruckes entwickelt, der seine Fassung veranlaßt hat. Darin liegt eine persönliche Willkür, weil es der zufälligen Gelegenheit überlassen blieb, was, wieviel, mit welcher Genauigkeit und Schulung der Verfasser sah. Diese Gelegenheit heißt Florenz. Trotzdem die artistischen Gegenstände einer solchen Stadt vom Geschichtschreiber der Künste tausendmal in allen Einzelheiten um und um gewendet, untersucht, gesammelt, zergliedert, gebucht und beurteilt sind, schien es mir, daß man auch dem Philosophen einmal gestatten dürfe, sich nachträglich auf seine Weise zu ihnen zu verhalten. Unter der Voraussetzung, daß die Philosophie dabei nicht unter allen Umständen abzudanken oder zu kurz zu kommen brauche.

Freilich möchte die daraus hervorgegangene Betrachtung eher einem freien Stegreifspiele zu vergleichen sein als einer durchweg systematischen Erörterung, die lediglich der inneren Bewegung der Begriffe folgt und jede sinnliche Gegenständlichkeit verdampfen läßt. Aber einmal Aug in Aug mit dem Kunstwerke, bleibt jede Zufälligkeit strenge vermieden.

Nichts durfte Aufnahme finden, was nicht mittelbar oder unmittelbar der Erkenntnis und Bewertung des Kunstwerkes dient. Nichts, was als geschichtliches oder sonstwie gelehrtes Wissen tot und unnütz zu Boden fällt, weil es weder die reproduktive Tätigkeit des Betrachters steigert, noch bei Wiederholung der Eindrücke die Empfänglichkeit erhöht. Mir schwebte die Mitteilung solcher Einsichten vor, die den ästhetischen Vorgang gleichsam umkreisen und sich mit ihm vergesellschaften, ähnlich wie nach Bergsons geistreicher Theorie die Zirkel unserer Erinnerungen das gegenwärtig Wahrgenommene umklammern, bereichern und vervielfältigen. Dabei sind grundlegende, ja radikale Folgerungen keineswegs vermieden, sondern aufgesucht worden. Wen diese Ergebnisse ob ihrer Gegensätzlichkeit zu scheinbar begründeten Urteilen ärgern oder gar kränken sollten, der weise trotzdem den Argwohn weit von sich, als seien sie frecher Freude am Umwerten und Besserwissen entsprungen.

Inwieweit diesem „Sehen und Denken", also der Betrachtung in doppelter Sprachbedeutung, Vorteile abgewonnen werden könnten? Eine offene Frage. Der Leser hat es jedenfalls leichter als anderswo, durch Ablehnung verstiegener und dem Gegenstande unangemessener Gedankenreihen sich zu entscheiden.

Die Villa Romana, die Wohnstätte der deutschen Künstler in Florenz, liegt im Süden der Stadt. Sie ist ein weiträumig angenehmes Haus, weder alt genug, um als Baukunst besonders hervorzuragen, noch so neu, um schon das Gepräge architektonischen Verfalles aufzuweisen. Ein dreifach geteiltes eisernes Tor unterbricht die lange Mauer, die sie gegen die staubige Via Senese abgrenzt. Bei unserer Ankunft genießen wir die zweite Blüte des umfänglichen Campo, der die Villa umgibt. Die Rosen stehen vor dem Aufbrechen, Lorbeer und Zitronen blühen, in mächtigen runden Tonkübeln spreiten sich schwerblätterige Agaven aus. Der Baum jedoch, der den Campo beherrscht, ist die Olive. Noch sind ihre grauen Lanzettblättchen nicht völlig entwickelt, aber die vielwinkelig verkrümmten Äste geben mit ihren unvermittelten Kurven dem Garten seine Haltung. Neben diesen Oliven werden Orangen, Flieder, Immergrün, Bambus, Laurustinus, Feigenbäume und Rebstöcke bemerkt, nach der Straße zu eine Gruppe hochgewachsener Ulmen, die bei jedem Windstoß einen Regen ihres beflügelten Samens in den Garten wirbeln, ferner Koniferen, Akazien, Zypressen und Pinien. Die Stirnseite des Hauses ist der Stadt zugewendet. Hier liegen im ersten und zweiten Stockwerk die Arbeitsräume der drei alljährlich vom Künstlerbunde mit ersten Preisen ausgezeichneten Künstler. Ein dritter Studio wurde als seitlicher Flügel dem Hause links angebaut. Wie Italiener Gärten anzulegen verstehen, zeigt sich im Augenblick. Die Arbeitsräume, ursprünglich zu Geselligkeit und festlicher Veranstaltung bestimmt, öffnen sich nach einer üppig blühenden Wiese, die im strengen Halbrund von immergrünen Bäumen umsäumt wird. Hinter diesem geschlossenen Bogen senkt sich der Boden des Gartens derart, daß die Wiese eine Terasse bildet, über und über von unglaublich hochgeschossenen Butterblumen im zweifarbenen Spiel von Grün und Gelb bewachsen. Unter dieser Blumenrampe erstreckt sich Florenz, auf natürlichste Weise durch die Baumgruppen am Wiesenrande ausgeschnitten und in flacher zurückhaltender Linie nach rechts und links von der Via Senese aus ansteigend.

Die Stadt liegt eingebettet in ihrem weiten Tal, zu Füßen Fiesoles und der Bergzinne, die vom Kloster San Francesco gekrönt wird. Unterhalb dieses Klosters ragt von hier aus der Dom, sein stark als Senkrechte akzentuierter Turm und die weißen Rippen seiner Kuppel von der Sonne rein beglänzt, die unzähligen Überschneidungen stumpfroter Ziegeldächer ruhig überschwebend. Eine Reihe von andern Kuppeln und Türmen ragen noch über diese Dächer: Santa Maria Novella, San Spirito, Santa Maria del Carmine, Sant' Hilario, San Lorenzo und endlich ein Turmstück des Palazzo Vecchio. Aber wenn sie alle Denkmale sind, wie sie jede italienische Stadt hat oder wenigstens haben könnte, so besitzt Florenz allein diesen Glockenturm und diese Domkuppel. Sie prägen sich dem Auge gleich als ein architektonisches Ganzes ein, ohne daß man zunächst den tatsächlichen Raumzusammenhang beider begriffe. Merkwürdig genug. Diese Kuppel mit ihrer schwach ausladenden Wölbung wird durch die scharfe Geradlinigkeit des Turmes nicht nur nicht beeinträchtigt, sondern in Gemeinschaft mit ihm bildet sie ein Abseits von den übrigen Gebäuden der Stadt, eine Erscheinung von solcher Wohlabgemessenheit, daß sie — man fühlt das — zu den unschätzbaren Besitztümern zählen wird, die die Erinnerung stets lebendig in sich erhält.

Florenz ist durch die Fähigkeit, lange Zeit hindurch mit dem Takte ausgereifter Kunst zu bauen, der Ort geworden, wo der nachantike Mensch vielleicht am würdigsten Kultstätten und Wohnungen in eine himmlisch schöne Natur hineingestellt hat. Diese Stadt sieht aus, wie aus dem Tale an die Abhänge und Rampen der Berge von Natur aus hingewachsen. Man wäre in ihrem Angesichte beinah versucht, die alte Streitfrage der hellenischen Sophisten: ob von Natur entstanden oder durch menschliche Schöpfung, Erfindung und Kunst gemacht (φύσει oder νόμῳ) ... als nicht ganz der Gegenständlichkeit entbehrend, wieder auszukramen. So sehr ist hier jede Willkür, jede Frechheit des Einfalles ausgemerzt. So sehr ist diese Stadt mehr als ein Haufen Häuser, Kirchen, Paläste, Brücken und Plätze — nämlich ein Einzelwesen seiner eigenen Art, ein Gewächs nur dieses reichen Bodens, wie der toskanische Wein, wie die Rasse, die hier ihre vita nuova nicht sowohl gedichtet als gebaut und errichtet hat.

Und der Blick gleitet wieder hin zum Dome, von ihm zurück zu dem reichen und zusammengefaßten Umriß des zartfarbenen Apennin im Norden, seitwärts zu den Zypressen des Poggio Imperiale und zu dem Stück alter Stadtmauer mit Wartturm, zu den Steineichen und der hohen Pinie des Giardino Boboli, endlich zu dem Profil des linken Hügels, an dem Villino um Villino, Garten um Garten, Park um Park allmählich emporklettern, bis sich das alles im Süden in jene weitgedehnten Gelände von Oliven und Reben verliert, die von grauen Mauern umhegt werden. Von den Mauern der toskanischen Landschaft, die als eine liebreiche Schönheit besonderer Art zu verehren ist.

* * *

Es wäre kaum übertrieben zu sagen, daß der Wert geschichtlicher Geschlechtsfolgen an ihrer jeweiligen Architektur bemessen werden kann. Nirgends rächen sich die Verfehlungen gegen die Bildungsgesetze einer Kunst wie hier. Wenn auch nur eine Generation schlecht baut, wird sie zum Ärgernis für Jahrhunderte. Wertlose Bilder, Statuen, Bücher, Opern, Dramen, Symphonien braucht man nicht zu bemerken, wenn man nicht will. Man findet sich mit ihnen ab, indem man keine Notiz von ihnen nimmt und sie dadurch zum Nichtsein verurteilt. Aber ein Haus, eine Straße, ein Platz, eine Kirche, eine Stadt sind schlechterdings da. Man muß sie sehen, darin wohnen und ihren unaufhörlichen Einfluß erleiden. Fast keine Hervorbringung der Künste, der Technik, der Gewerbe, nicht einmal der Landwirtschaft, die für unsere Ernährung aufkommen muß, setzt gleiche Verantwortlichkeit vor der Zukunft voraus wie die Architektur. Ein Baumeister sollte fühlen wie einer der Staatsmänner oder Herrscher, die zeitweise über Friede, Gesittung, Wohlstand von Völkern zu entscheiden haben. Er sollte immer nur bauen mit dem Bewußtsein einer schweren, ob auch unerläßlichen Verpflichtung. Er müßte sich stets vergegenwärtigen, daß er die Verworfenheit wie den Glanz eines Zeitalters in seinem Werke zwar nicht verewigt, aber doch verzeitlicht.

Freilich: welches sind jene Gesetze der Architektur, von deren Erfüllung Schönheit, Charakter und „Stil" unserer Wohnstätten abhängt? Fallen sie zusammen mit den statischen und stereometrischen Grundsätzen, ohne die keine Bauerrichtung möglich ist? Es scheint nicht. Denn die technischen und mathematischen Kenntnisse des durchschnittlichen Architekten können, wie gegenwärtig, sehr beträchtlich sein — und der Sinn für die ästhetische Bedeutung eines Bauwerkes kann dabei unentwickelt oder verderbt bleiben. Was der Begriff der ästhetischen Gesetzmäßigkeit für die Architektur besagen will, wäre heute erst wieder zu erwerben.

Man darf vielleicht, um dieser Sache näher zu kommen, von einer sehr vereinfachenden Bestimmung des Begriffes „Haus" ausgehen. Das Haus, könnte man ungefähr sagen, ist die kubische Abgrenzung einer bewohnbaren Raumeinheit gegen die freie Natur, bewerkstelligt durch eine feste Verbindung von Mauern und Dach. Dabei ist ohne weiteres sicher, daß die Aufgabe, ein solches Haus herzustellen, auf die verschiedensten Weisen gelöst werden kann. Es bleibt der besonderen Zweckbestimmung des Auftraggebers, der Beschaffenheit von Landschaft, Klima, Bewohnern, wie der eben erlangten technischen und geistigen Entwicklungsstufe überlassen, wie die Mauern gedeckt und von Fenstern durchbrochen sind, welche Materialien man benütze, ob man ein oder mehrere Geschosse errichte, wie man den Grundriß ausgestalte, die Lasten verteile usw. Von der ostafrikanischen Negertembe, den Pfahlbauten Neuguineas, dem russischen Bauernblockhaus besteht ein ziemlicher sachlicher Abstand bis zum fränkischen Gehöft, ein viel weiterer von ihm bis zum venetianischen oder toskanischen Palazzo. Und doch entsprechen alle diese Anlagen bis zu einem gewissen Grade dem Zwecke des Hausbaus, indem alle Abgrenzung eines Innenraumes gegen das Freie durch mehr oder weniger feste Verbindung von Mauern und Dach bewirken. Zweifel, daß das architektonische Problem des Hausbaues auf diese und unzählige andere Arten konstruktiv zu lösen ist, schließen sich danach von selbst aus. Dagegen bleibt eine sehr einschneidende Frage durchaus unentschieden: ob nämlich der konstruktiv einwandfreie Bau gleichzeitig ästhetisch befriedige? Ob konstruktive und ästhetische Gesetzmäßigkeit zusammenfallen oder als zwei verschiedene Begriffe zu erachten sind, die nicht miteinander vertauscht und nicht vereinerleit werden dürfen? Vielen gilt es für ausgemacht, daß die architektonische Errichtung am Ziele war, wenn sie dauerhafte, bequeme und den Nutzzwecken entsprechende Wohnstätten hervorbrachte. Aber dagegen ist einzuwenden, daß das Ergebnis einer konstruktiv gelungenen Herstellung eine sehr unerquickliche Raumvorstellung darbieten kann. Jede beliebige Gegenwartsarchitektur beweist das zur Genüge. So daß zweierlei möglich ist: Man kann einen Raum fehlerlos konstruieren, ohne durch ihn den Eindruck einer künstlerischen Wirklichkeit, einer die Anschauung fesselnden Form zu erwecken. Oder man kann dieselbe konstruktive Errichtung derart nach außen abgrenzen, daß sie wie eine artistische Hervorbringung, wie eine Gestaltung erscheint, die ihre nahe Verwandtschaft mit einem plastischen Kunstwerk nicht verleugnet. Und es gäbe folglich eine Architektur als Kunst und eine Architektur als Technik, die in einem nicht sofort erkennbaren Verhältnisse zueinander stünden. Wie ist nun dieses Verhältnis aufzufassen? Ist die künstlerische Belebung des Bauwerkes am Ende nur eine überflüssige Zutat, die der technisch konstruktiven Lösung nachträglich beigegeben wird, eine Art Zierat, ein Schmuckstück, ein Außendrauf? Sollte man sich nicht besser daran genug sein lassen, wenn der Baumeister behaglich dauerhafte Wohnstätten errichtet, anstatt ihn mit der

Forderung zu quälen, er möge Künstler sein? Denn liegt es nicht vollständig im Dunkeln verborgen, was seine Künstlerschaft ausmacht, worin sie besteht? Ja, wie ist überhaupt ein ästhetischer Eindruck möglich bei der Gebundenheit des Hauses an seinen Zweck? Gibt es eine künstlerische Organisation des Hauses, abgesehen von seiner statischen und mathematischen Errichtung, oder ist das ästhetische Werturteil in der Architektur nur ein von Laien schlecht erfundener Sprachausdruck, der sich eigentlich auf die undeutlich empfundene Richtigkeit der technischen Lösung bezieht? Was ist Architektur als Kunst? Was ist architektonische Gesetzmäßigkeit, woferne sie mehr sein will als eine konstruktiv bedingte Eigenschaft des Baus? Wie ist, kantisch gesprochen, Architektur als Kunst möglich?

Für die Beantwortung dieser etwas neugierigen Fragen ist es wohl nicht unerheblich, daß die Urheber des heutigen europäischen Stadthauses, die Architekten der Frührenaissance, fast ausnahmslos von andern Raumkünsten, von Malerei und Plastik, hergekommen sind. Sie konnten ihre konstruktiven Kenntnisse für ihre zum Teil schöpferischen und bahnbrechenden Aufgaben nirgendwoher für den Gebrauch fertig beziehen, wie unsere staatlich geprüften und akademisch erzogenen Baumeister. Selbsttätig mußten sie sich diese Kenntnisse vor und während des Bauens auf empirische Art erwerben, durch Versuch und Experiment, gemäß dem Worte Brunelleschis: weil Übung lehrt, was man zu tun habe. Die Folgerung ist also nicht unerlaubt, daß sich jene Architekten, unbeschadet ihrer glänzenden konstruktiven Leistungen, doch wesentlich als Künstler fühlten und die Architektur als eine Kunst unter andern Künsten, ja als die Kunst schlechthin, empfanden. Man zeichnete, man malte, man formte, goß, meißelte, und man baute. Derartig konnte jener Goldschmied und Bildhauer Filippo di Ser Brunellesco aus Florenz zu dem schöpferischen Erneuerer der Baukunst werden, und damit zu einem Ereignis von so ausgezeichnet belehrender Art, daß es erst zu genauerer Betrachtung und danach zu weitgreifenden Folgerungen auffordert.

Von Beruf aus, wie gesagt, Goldschmied, beschäftigte sich Filippo neben seinem Gewerbe mit mechanischen Problemen: Mit dem Maße der Zeit und der Bewegung der Räder und Gewichte; er sann nach, wie man es zu machen habe, daß sie sich drehen, und verfertigte einige sehr gute und schöne Uhren." Weil ihn diese mechanischen Arbeiten nicht befriedigen, wird er Bildhauer — eine Seite seiner Produktion, von der später manches zu sagen sein wird. Dazu erwacht sehr bald die Neigung zur Architektur. Der Künstler treibt, wie wir sagen würden, darstellende Geometrie, zeichnet Profile und Risse, eignet sich ein für seine Zeit beispielloses perspektivisches Wissen an, so daß er, was abermals von unberechenbarem Einfluß ist, darin der Lehrer des jungen Masaccio wird. Obgleich ungelehrt, erlernt er bei Toscanelli die Grundlagen der Geometrie und überrascht diesen durch neue und selbständig gefundene Beweise. Nur um das Maß dieser rastlosen Arbeitslust zu füllen, sei erwähnt, daß sich Filippo außerdem mit Bibelauslegung und besonders eingehend mit Dante beschäftigte.

In Rom studiert er gemeinschaftlich mit Donatello, mit einer Art von hungriger Leidenschaft, die Reste der antiken Baukunst. Er vertieft sich in die Technik der römischen Überwölbungen, mißt und zeichnet was zu erreichen ist, bemüht sich um die Unterscheidungen der griechischen Architekturstile, erfindet aufs neue, durch archäologische Studien veranlaßt, die Steinzange und baut sich schließlich in seinem Kopfe das ganze Rom vor den Zerstörungen wieder auf. Er betreibt in einem Sinne Altertumswissenschaften, wie sie jeder betreiben sollte: er lebt die Antike noch einmal, sein eigenes Dasein verdoppelnd, vervielfachend. Er erschafft wieder ihre Tempel, Markthallen, Wasserleitungen, Paläste und Bäder und genießt dabei die Kräfte der Vergangenheit als seine eigenen. Und wirklich eignet er sich an, was ehemals lebendig war. Aus der beschworenen Erinnerung wird eine neue Wirklichkeit. Ein Faust, dem staunend der Schatten der Helena zur lebendigen, atmenden Gestalt ersteht.

So vorbereitet, wagt er sich an sein Lebenswerk, an die Überwölbung der Santa Maria del Fiore. Die Wölbungen, die er in Rom technisch begreifen gelernt hatte, konnten bekanntlich hier nicht nachgeahmt werden. Das Pantheon war rund gewölbt, im florentinischen Dome standen acht Wände, die zu überspannen waren. Also eine Aufgabe, die den Architekten viel eher an das Battistero San Giovanni, als an römische Vorbilder wies. Natürlich gehört die Darstellung, wie Brunelleschi das Klostergewölbe des Domes konstruiert hat, nicht hierher. Was der Laie hiervon aufzufassen vermag, kann bei Vasari nachgelesen werden. Und sogar hier ist die überlieferte Anweisung des Künstlers an die florentinische Baukommission nur dem ganz zugänglich, der in Rissen und Querschnitten die Entstehung dieses ungemein scharfsinnigen Baugedankens verfolgt. Man findet solche im Handbuche der Architektur. („Die Baustile" II. Teil, 5. Band, ebenda der italienische Text der Anweisung.) Hier sei nur Bezug genommen auf das, was für diese Untersuchung den Ausschlag gibt: nämlich ob die Kuppel über ihre konstruktive Verfassung hinaus einen Überschuß aufweise, der sie nicht sowohl als technische Erfindung, wie als künstlerische Erschaffung zu werten gebietet.

Man fühlt sich vielleicht versucht, gerade von der florentinischen Domkuppel anzunehmen, daß ihre architektonische Lösung zusammenfällt mit der technisch-konstruktiven. Brunelleschi hatte einen achtwinkelig gebrochenen Tambour zu überwölben. Das war bewältigt mit der Erfindung der konstruktiven Mittel, die die Ausführung des schier unausführlichen Vorhabens ermöglichten. Der Künstler plante dazu ein Klostergewölbe mit zwei Schalen: mit einer inneren, als der eigentlichen Raumkuppel, mit einer äußeren, die jene vor Nässe und Feuchtigkeit zu schützen habe. Nach Angabe dieses Zweckmäßigkeitsgrundes, der die Errichtung der zweiten Kuppel rechtfertigen soll, fährt indes Brunelleschi in seiner Bauanweisung auf bemerkenswerte Art fort: e perche la torni piu magnifica e gonfiante ... und damit sie prächtiger und schwellender zur Erscheinung gelange.

Beide Schalen ruhen auf acht Strebepfeilern oder Ecksporen, die auf den Winkeln der Tambourwände stehen, und auf sechzehn Zwischensporen, die von der Mitte der Wände ausgehen. Die Kuppel durfte, wie es in der Bauanweisung heißt, aus statischen Gründen nicht völlig rund gewölbt werden. Sie wurde deshalb in Zwickeln aufgeführt, die sich nach der Stellung der Wände richteten. Was die Form der Gewölberippen anlangt, entschied sich der Künstler für den Spitzbogen, da dieser im Unterschiede zum Rundbogen eine stärkere Belastung vom Scheitel her erträgt. Zur Verwunderung der Mitbürger sollte, genau wie das beim Battistero San Giovanni der Fall war, eine schwere Laterne auf dieser Kuppel ruhen. Ein Wagnis, das auf der konstruktiven Tatsache beruht, daß Scheiteldruck beim Spitzbogen verringernd auf die Stärke des

Widerlagers wirkt. Die Drucklinie eines dergestalt beschwerten Spitzbogens verläuft steiler als die eines unbeschwerten, weshalb die Laterne die Widerlager teilweise entlastet.

Also teils aus kluger Ausnützung bestehender konstruktiver Leitsätze, teils aus unerschöpflicher eigener Erfindsamkeit entstand jener geistreiche Zusammenschluß von Strebepfeilern, doppelschaliger Kuppel, Verspannungsbogen, Macignoquadern und Gewölbchen, der die Bewunderung derer erzwingt, die das Ganze nachzudenken die Mühe nicht scheuen. Dieses große Denkmal scheint kaum etwas zu enthalten, was nicht einem ausschließlich konstruktiven Grunde verdankt wird. Nur eine einzige, fast beiläufige Erwägung, daß man nicht nur als Techniker und Ingenieur verfahre. Ich meine das oben erwähnte perche la torni usw. Sonst lediglich eine Summe von mathematischen, statischen und technischen Tatsachen, eine nüchterne und durchaus nachrechenbare Geschichte. Kein Platz für Redensarten, für Gefühlsausbrüche, für gegenstandslose Begeisterungen. Die Baukunst zeigt sich hier vornehmlich als eine Angelegenheit der Logik, der Mathematik und Physik, die florentinische Kuppel als das Ergebnis eines glücklichen Kalküls.

Und dennoch ist dies nicht alles. Gewiß. Die Kuppel ist eine erfindsame Konstruktion und mußte, um architektonisch möglich zu sein, zuerst als solche gelöst werden. Aber gleichzeitig ist sie, wie sich sofort zeigen wird, noch etwas sehr viel anderes.

Vergleicht man nämlich den vielfältigen und kaum zu überschauenden Aufwand an konstruktiven Mitteln mit dem Gesichtsbilde, das die äußere Kuppel dem Betrachter darbietet, so drängt sich ein bedeutender Umstand auf. Wohl hat Brunelleschi die Überwölbung als statisches und technisches System konstruiert. Er hat aber auch mit hoher Bewußtheit (wie das der kleine Satz der Bauanweisung beglaubigt) dem Auge einen Raumeindruck übermittelt, der diesen konstruktiven Zusammenhang in der besonderen Form ungemeiner Vereinfachung zeigt. Die Kurve des Spitzbogens und die Steinmasse der Laterne war freilich konstruktiv gegeben. Aber von der Art, wie die Errichtung der Raumkuppel und die Verbindung der zwei Schalen bewerkstelligt wurde, bemerkt man optisch nichts mehr. Die vierundzwanzig Strebepfeiler, Bogen, Quadern, Verankerungen, Gewölbchen, Treppen, Ketten sind fürs Auge, fürs äußere Gesichtsbild, nicht da. Sie werden sozusagen optisch ersetzt durch eine achtmal gebrochene Fläche grauroter Ziegel, die sich zwischen acht profilierten Rippen aus weißem Marmor befindet. Diese Rippen schließen sich unter der Laterne, scheinen nach ihr, wie die Finger einer Hand, zu greifen und sie emporzuhalten, ähnlich wie die goldenen Bügel der Kaiserkrone zusammenstrahlen, um mit ihrer Schnittfläche Kugel und Kreuz zu unterfassen. So wird von der eigentlichen Konstruktion nur ein Mindestmaß sichtbar. Aber, was von folgenreicher Wesentlichkeit ist: es wird just das konstruktive Mindestmaß sichtbar, das notwendig ist, um die technische Aufgabe und ihre Lösung der Anschauung mitzuteilen. Denn die optische Empfindung kümmert sich nur insoweit um die konstruktive Eigenart eines Bauwerkes, als sie durchs äußere Raumbild eine überzeugende und bezwingende Anschauung von ihr empfängt. Daß Brunelleschi dem Auge genau das gibt, was es bedarf, um im Anschauen zu begreifen, nicht mehr und nicht weniger; daß er die Konstruktion äußerlich soweit vereinfacht und rückbildet, wie es zur Erschaffung eines klaren optischen Symbols unerläßlich ist; daß er mithin im architektonischen Körper der Kuppel nur das Notwendigste mitteilt und ihm das Notwendigste wiederum genügt für den sinnfällig plastischen Ausdruck seiner konstruktiven Errichtung: dies alles läßt den tieferen Zusammenhang einer technisch erfindenden mit einer künstlerisch produzierenden Baukunst genau erkennen, den wir vorhin suchten und für problematisch erachteten.

Die Kuppel der Santa Maria del Fiore erregt also deshalb so unaussprechlich gesättigtes Wohlgefallen, weil sie das konstruktive Gesetz der Überwölbung in einer Raumanschauung, in einem formalen Rhythmus von letzter Vereinfachung und Gedrängtheit zum Ausdruck bringt. Dieser Rhythmus des Baukörpers, dieser in Anschaulichkeit umgesetzte statisch-mathematische Gedanke ist genau das, was aus einem konstruktiv richtigen Werke ein Gebilde der Kunst macht. Als solches fällt es nicht mehr mit der Konstruktion zusammen. Denn es bringt von ihr ja nur das, was in eine elementarisch-formale Anschauung einzugehen vermag, zur Empfindung. Es kann gar nicht mit ihr zusammenfallen, weil es nicht aus dem rechnenden Verstande, sondern aus einem Vermögen zu bildlicher, zu plastischer Verdichtung entsprungen ist.

Die Kuppel wäre ja auch dann noch richtig konstruiert, das heißt die Streben würden auch dann noch ihre Last tragen, wenn der Künstler eine größere Anzahl seiner konstruktiven Mittel der Anschauung preisgab. Oder wenn er etwa auf die Schutzkuppel verzichtete, an deren sachtem und geschmeidigem Umriß ihm so viel gelegen war. Oder wenn er, wie Gian Galeazzo Alessi bei der rippenlosen Kuppel der Santa Maria di Carignano in Genua, überhaupt eine Sichtbarmachung konstruktiver Einheiten vermied. Oder wenn er, wie Michelangelo in Sankt Peter, die Rippen häufiger angewendet und dadurch eher den Eindruck schmückender Bestandteile als notwendiger Funktionen erzeugt haben würde. In allen Fällen wäre aber die Kuppel nicht mehr die abgeklärte plastische Anschauung geworden, die den konstruktiven Gedanken zum Sinnbilde, zum architektonisch ausdrucksvollen Körper gerinnen läßt. Die Verschleierung der Errichtungsmittel befriedigt die Anschauung ebensowenig wie ihre wahllose Sichtbarmachung. Wo sich die Konstruktion als solche aufdrängt, ohne daß sie in einem plastisch vereinfachten Raumkörper zum Ausdrucke gelangt, verwirrt und beunruhigt sie. Das ist der Grund, warum technische Meisterwerke, Lokomotiven, Fahrräder, Kraftwagen, Motore, Dampfmaschinen, eiserne Brücken, Eiffeltürme, Straßenüberführungen, Aeroplane, Luftschiffe zwar um so mehr fesseln, als man imstande ist sie zu verstehen — aber doch nie ästhetisch wohlgefallen und wie das Kunstwerk befriedigen: was auch ein von der Technik berücktes Zeitalter sagen möge. Ein Schiffsingenieur mag beim Anblick jener sechszylindrigen vierfachen Expansionsmaschinen, die unsere Schnelldampfer durch die Ozeane treiben, freudig bewegt werden, weil er fähig ist, diese stählerne Wirrnis von Feuerstellen, Kesseln, Zylindern, Kolben, Gestängen, Hahnen, Röhren, Leitungen, Gelenken, Übersetzungen, Kurbelwellen zu verstehen; weil er jedes Einzelne im Zusammenhange mit einem Ganzen erblickt und bei jedem Mittel des Zweckes gegenwärtig bleibt, dem es dient. Mit Genugtuung wird er das Verhältnis der technischen Anstalten zu ihrer ungeheuern dynamischen Wirkung überschlagen, die sinnreiche Ersparnis an Materie und Energie vergleichen mit dem Höchstmaße der erzielten Arbeitsleistung, und schließlich geneigt sein, die Maschine als die Investierung zahlloser menschlicher Erkenntnisse zu ehren. Doch bleibt sein Verhalten eine verstandesmäßige Vornahme, die sich erschöpft in dem Nachdenken der in der Maschine erstarrten und mechanisierten Operationen des Geistes. Und selbst wenn der Kenner solcher Mechanismen die Verwandtschaft mit eigenen vitalen Energien zu verspüren meint, wenn ihm der Maschine tausendgliedriger Leib zu zittern, zu stampfen, zu atmen, zu zischen, zu kochen, zu surren, zu leben beginnt: so spielt sich das alles doch in einer anderen Schichtung der Seele ab als die innig genießende Betrachtung eines Tempels, einer Kathedrale, einer Statue. Nirgends hat hier symbolisch-optische Verdichtung ein Raumbild entworfen, durch welches der technisch Unbelehrte die Struktur, Wechselwirkung und das Ineinander der Mechanik sinnlich aufzufassen vermöchte. Man kann die Maschine durch Wissen verstehen, aber nicht durch Anschauung empfinden lernen. Kürzlich wurde vom Zeppelinschen Luftschiffe bemerkt, daß es eine Synthese von konstruktiver Erfindsamkeit und künstlerisch anschaulicher Gestaltungskraft sei. In der Tat nähert sich der Eindruck, den es verursacht, dem ästhetischen. Wenn es eine Grenze zwischen technischer Konstruktion und architektonischer Intuition gibt, so wird sie durch dieses Luftschiff bezeichnet. Eine neue Bestätigung unserer Annahme, die den Kunstwert einer baulichen Errichtung von der Verwandlung der konstruktiven Mittel in ein plastisches Symbol ableitet. Es nützt daher auch nichts, wenn die Baumeister der Gegenwart sachlich konstruieren und meinen, daß allein dadurch eine Erneuerung der Architektur vollzogen werde. Sie vergessen dabei, daß jedes Bauwerk ein kubisches Raumbild sein soll, ein anschauliches körperliches Ganzes, das vor dem inneren Auge des Künstlers gestanden haben muß, ehe seine einzelnen Teile waren. Dieses Raumbild bringt immer einen veränderlichen Bruchteil der konstruktiven Mittel zum optischen Ausdruck, aber wie das geschieht, läßt sich nicht errechnen oder ausklügeln. Kein Steg führt von den Operationen des Konstrukteurs zu der Vorstellung des Künstlers, wenn nicht kraft einer ursprünglichen Anlage der technische Gedanke sich ungezwungen umsetzt in eine architektonische Sinnbildlichkeit. Der große Architekt ist vermutlich deswegen eine so überaus seltene Erscheinung, weil er nur möglich ist auf Grund dieser prästabilierten Harmonie zweier an sich entgegengesetzten Seelenkräfte.

Gegen Ende seines Lebens begann Brunelleschi den Palast für Luca Pitti, den Widersacher des alten Cosimo Medici, auf dem südlichen Arnoufer zu bauen. Auch er ist, wie die Domkuppel, ein Werk des strengsten Purismus. Der Verzicht auf Zierformen, Ornamente oder nachträgliche, nicht in der Gesamtanlage des Baus gegründete Flächengliederung, ist unbedingt. Die konstruktiven Einheiten werden so betont, daß außer ihnen kaum etwas wahrnehmbar wird. Denkt man sich die beiden Seitenflügel und einen Teil des Mittelbaus weg — sie wurden viel später (1620—1839) und erst nach und nach mit musterhaftem Takte angefügt —, so hat man ursprünglich eine hohe Wand, im ersten Stockwerke durchbrochen von drei Türen, in den Obergeschossen von je sieben Fenstern. Mauer, Türen, Fenster und flaches Dach; sonst nichts. Also sozusagen die dargestellte „Definition" eines Hauses. Die Fenster des Erdgeschosses, die Ammanati einbaute, muß man sich wegdenken. Auch die Fenster der oberen Geschosse sahen etwas anders aus, was indes nicht belangreich sein dürfte. Eine Brustwehr von ionischen Säulchen läuft dem zweiten und dritten Stockwerke und dem Dache entlang. Die Fenster sind von halbkreisförmigen Bogen überwölbt, deren Schlußsteine jeweils etwas höher als ihre Widerlager sind. Dadurch wird die äußere Bogenlinie steiler geführt als die innere, was wahrscheinlich mit dem Bestreben zusammenhängt, die Fugen der Bogensteine möglichst in die Fugen der Quaderschichten münden zu lassen: denn bei einer Wiederholung der inneren Kreislinie wären die einzelnen Bogensteine außen zu schmal gewesen, um sich mit den Fugen der mächtigen Quadern treffen zu können. Das ist eine kaum häufig beachtete Kleinigkeit. Aber für die Erscheinung des Ganzen, für die sichtbare Beziehung von Quadern und Bogensteinen im Fugenschnitt und damit für die Wand überhaupt ist sie erheblich. Es ist überdies sehr angenehm, daß dadurch die Wiederholung derselben Bogenlinie an jedem einzelnen Fenster vermieden wird und die verschieden geführten Kurven zur Belebung der Fläche beitragen können.

Die einzelnen Geschosse weichen etwas zurück. Die Brustwehren betonen die Wagrechte und halten so den immer wiederkehrenden Senkrechten der hohen Bogenfenster ein glückliches Widerspiel. Die Profile der umlaufenden Gesimse sind von edler Schlichtheit. Zu erwähnen sind noch, was dem Betrachter fast immer entgeht, die Pilaster und Kapitelle seitlich in den Fensterleibungen, die jeweils die Bogengurt tragen. Die fast zyklopisch ungefüge Masse der Quadern, die in der Rustika von ungeheurer Ausladung sind, schaffen abermals einen auffälligen Kontrast zu der geometrisch streng gebändigten Fassade. Überhaupt prägt sich der Gegensatz von verschwenderisch sorgloser Kraft und zuchtvoller Bemeisterung durch Form, Geometrie, Ordnung, Wohlabgemessenheit durchaus ins Gefühl. Ein Verhältnis von Dynamik und Harmonie, das musikähnlich ist.

Es versteht sich, daß aus diesen Mitteln Brunelleschis, die von beinah lächerlicher Sparsamkeit sind, unzählige halbgute und schlechte Gebäude herzustellen wären. Wieso gibt es trotzdem nur diesen einen Palast, nur diesen einzigen Fall, wo in einer von Bogenfenstern durchbrochenen Wand ein singuläres Kunstwerk höchsten Ranges entstand? Es möchte darauf nur dieselbe Antwort stichhaltig sein, die sich uns vorhin bei der Domkuppel aufgedrängt hat: weil hier wie dort die konstruktiven Einheiten in einer räumlichen Anschauung von ursprünglicher Kraft und Fülle lebendig werden. Weil dieser fürstliche Palast (der vornehmerer Menschen als der mediceischen Großherzöge würdig gewesen wäre) entstanden ist, wie etwa ein schönes Bild entsteht. Nicht aus Einzelheiten zusammengesetzt, nicht „komponiert", wie der abgeschmackte terminus der Renaissance-Ästhetik lautet, sondern als ein unzerstückelter Formzusammenhang organisiert. Dieses herrliche Werk war ein Rhythmus von Wänden und Fenstern mit einem nicht durch Rechnung zu ermittelnden Verhältnis von Bogen, Linien, Senkrechten und Wagrechten, als es in der schöpferischen Eingebung seines Urhebers aufstieg. Das konstruktive Mittel ist auch hier wieder in den architektonischen Körper unauflöslich hineingesenkt. Die Aufgabe war nur insofern einfacher und leichter wie beim Dome, als der Architekt hier sehr viel weniger baulicher Einheiten bedurfte und sie deshalb auch nicht in ihrer äußersten Vereinfachung, gleichsam symbolisch abgekürzt, der Anschauung mitteilen brauchte. Konstruktion und plastischer Raumausdruck konnten eins werden; die Anschauung ist weniger eine Verdichtung, denn eine reine und adäquate Versinnlichung des statischen und geometrischen Gedankens.

Man sagt, die Renaissance sei das Zeitalter des beginnenden Jndividualismus gewesen und habe für Europa die Bedeutung der Persönlichkeit entdeckt. Mag sein. Aber für die Leistungen, die wir eben zu begreifen suchten, ist diese Formel nichtssagend. Der Künstler, der in seinem Lebenslauf den Grund zu einer neuen europäischen Architektur legte, suchte den Wert und die Rechte seiner Individualität nirgends anders als in der bedingungslosen Unterwerfung unter die Forderungen seiner Kunst. Er sah vermutlich die Person da am größten, wo sie vollkommen den Ansprüchen genügte, die die artistische Tätigkeit erhebt. Nicht sich, nicht ein zufälliges menschliches Ich — denn was wissen wir von ihm — hat Brunelleschi in seiner Arbeit geoffenbart. Sondern er hat die strenge Erfüllung einer Reihe von artistischen Gesetzmäßigkeiten gegeben. Es zeigt sich hier, daß der Begriff „Menschen der Renaissance" kein eindeutiger ist. Zwischen dem Erbauer der glorreichen Kuppel Santa Maria dei Fiori und etwa dem „Virtuosen des Verbrechens", der am Ende des Quattrocento als Caesar, Herzog von Valentinois, Italien seinen beschränkten, gierigen und unflätigen Geist aufzwingen wollte, ist der Abstand zu weit, als daß beide unter das Hütlein des Individualismus zu bringen wären. In ihnen haben sich die zwei entgegengesetzten Lebensmächte verkörpert: der produktive und der destruktive Trieb. Das Zeitalter, das man Wiedergeburt nennt, hat beide in einseitiger Strenge, beide in Überlebensgröße zur Entwicklung gebracht. Unfähig zu gesellschaftlichem, politischem, wirtschaftlichem Zusammenschlusse, gelingt ihm keine der großen Organisationen, die unsere Gegenwart so sehr begünstigt. Stadt gegen Stadt, Zunft gegen Zunft, Geschlecht gegen Geschlecht bleiben abgesondert, nirgends will sich ein Gemeinschaftsgefühl, ein Gemeinschaftswille herausarbeiten. Aber aus dieser Hölle, wo einer den andern mit der Bosheit des Teufels verriet (der Teufel ist ein Sinnbild des destruktiven Menschen), wo die ununterbrochene Orgie des Hasses, der Rachsucht und der Wut Familien, Parteien, Stände wider einander aufregte, erhob sich der einzelne durch seinen Willen zu schlackenlosen Erschaffungen. Und für d i e s e fanden sich dann plötzlich alle bereit, gemeinsam zu arbeiten und gemeinsam die Opfer an Geld, Interesse, Kraft und Neigung darzubringen, die die Vollendung einer großen Architektur fordert. Die gesellschaftliche und staatliche Zerrissenheit schafft sich in den Werken der Baukunst die Symbole einer Einheit, die überall sonst vernichtet wird. Wenn heute jeder n i c h t im wirtschaftlichen Sinne Produktive der unbedingt Einsame ist, den die Gesellschaft mehr oder weniger von sich ausschließt, durfte damals gerade die wirtschaftlich unfruchtbare, aber artistisch wertvolle Arbeit ihre einheitstiftende, vergesellschaftende Wirkung bewähren: vielleicht eines der unterscheidendsten Merkmale der Wiedergeburt von der Jetztzeit. Die von Simmel in seiner „Soziologie" hervorgehobene Tatsache, daß die Renaissance neue gesellschaftliche Verbände durch gemeinschaftliche Bildungsziele gründete, erfährt hier eine besondere Beleuchtung. Die Kunst konnte ihre objektivierende, das Individuum unendlich überragende Bedeutung nicht schöner erweisen, als wenn sie geradezu als die Ursache menschlichen Zusammenschlusses auftritt. Ein Sachverhalt, den freilich der gegenwärtige Gebildete, der höchstens die Gemeinschaft von Unternehmerverbänden und Gewerkschaften würdigt, schwer fassen wird.

Hüten wir uns indes, aus der Lebensarbeit Brunelleschis und aus den architektonischen Gesetzen seiner Raumbilder Formeln über die Architektur der Renaissance überhaupt ableiten zu wollen. Gerade weil sich aus diesen plastischen Werken Gesetze entwickeln lassen, die den ästhetischen Wert der Architektur als solcher bedingen, darf man in ihnen nicht die Merkmale für einen besonderen geschichtlichen Stil suchen. Die Errichtungen Brunelleschis besitzen Eigenschaften, die an die Reize edler Tempel aus der griechischen und hellenistischen Antike erinnern. Aber sie stimmen in anderer Hinsicht ebenso mit den Gepflogenheiten der alten deutschen Manier, wie Vasari die Gotik zu nennen liebt, überein. Und zwar auf entscheidendere Art mit ihnen als mit dem Verfahren der späteren Renaissance. Damit man dahinter kein mißverständliches Paradox wittere, sei folgendes gesagt:

Der Anteil, den die konstruktive Aufgabe an der Ausgestaltung der architektonischen Formanschauung bei Brunelleschi hat, ist ein bestimmender. Ich behaupte nun, daß gerade hierin, im Zusammenhang von Konstruktion und plastischer Verkörperung, der Künstler eine nähere Verwandtschaft mit der Gotik bezeigt als mit dem kunstgeschichtlich sogenannten „Stil" der Renaissance. Die Gotik war, namentlich als kirchliche Baukunst, von allen geschichtlichen Richtungen seit der Antike die unbedingtest konstruktive. Sie nimmt die Last der Überwölbung, den Seitenschub, der Mauer ab und bürdet sie dem Pfeiler auf. Bogen und Pfeiler, aus der Wand heraustretend, materialisieren die Drucklinie. Die Gewölbefläche selbst wird insofern nebensächlich, als die Spitzbogenrippen jedes gekreuzte Gewölbe, unbeschadet seiner geometrischen Beschaffenheit, zu tragen fähig sind. Man könnte sagen, daß hier zunächst ohne Rücksicht auf Raum, Form und architektonische Körperhaftigkeit konstruiert wird, mit einer rationalistischen Halsstarrigkeit und Verwegenheit, wie sie höchstens noch den großen geschichtlichen Systemen der Philosophie eigentümlich sind. Die Wand, bisher der Hauptbestandteil des Hauses, der sowohl das Innere des bewohnbaren Raumes gegen das Freie abgegrenzt, wie das Dach getragen hat, hört jetzt dem strengen Begriffe nach auf, — ein zunächst unfaßlicher und launischer Entschluß baulicher Willkür. An Stelle der Wand tritt ein System von Streben, die die Überwölbung stützen. Und aus dieser konstruktiven Rücksichtslosigkeit arbeitet sich mit der Zeit ein neuartiges architektonisches Raumbild heraus: der gotische Dom mit seinen langgestreckten Schiffen, Portalen, Rosen und pyramidengleichen Türmen, mit seinen Teppichwänden aus vielfarbigen Gläsern und mit seinem Rhythmus von Pfeilern, Strebebogen, Baldachinen, Fialen und Wimpergen, mit den ebenfalls in Bogen, Pfosten und Kreisausschnitten aufgeteilten Fenstern, die die Grundregel der gesamten Errichtung wiederholen, mit seinen schlanken Diensten und schmächtigen Widerlagern, die die gewaltigen Gewölbe anmutig tragen, die Schwerkraft des Steines sichtbarlich in den steilen Kurven der Gurten überwinden und ein heiteres Spiel zweckmäßiger Verteilung und Fortpflanzung von Druckgrößen anschaulich machen.

Wohl ist der dadurch entstandene Baukörper vielfältiger, schwieriger für Überschau und Urteil als die Gebilde früherer Zeit. Aber er gibt dem, der ihn einigermaßen verstehen lernt, den Genuß eines vollkommenen Ausgleiches konstruktiver Kräfte und ihrer räumlichen Darstellung. Der neue statische Grundsatz teilt sich sofort dem Auge mit, im Umriß wie in der Gliederung des Baues. Es kann kein Zweifel obwalten, daß der Pfeiler, nicht mehr die Wand, stützt und die Überwölbung trägt. Diese Dome und Kathedralen können gar nicht anders aufgefaßt werden als wie die Hervorbringungen einer wunderbar gesteigerten Kraft der Intuition, die die kühnsten konstruktiven Mittel in einen plastischen Körper umsetzt. Um dies festzustellen, würde es genügen, die Durchdringung der konstruktiv notwendigen mit den konstruktiv überflüssigen, aber plastisch und architektonisch notwendigen Bauteilen der Gotik, wie beispielsweise die Raumbeziehung der Fassade zu den Türmen, der Türme zu den Schiffen, der Fassade zu den Längswänden und ihren Streben, der Streben zu den Fenstern usw., nachzuprüfen.

Die Art und Weise nun, sagte ich, wie Brunelleschi die Konstruktion im architektonischen Körper seiner Werke organisch zum Ausdruck gelangen läßt, verbindet ihn mindestens so sehr mit der Gotik wie mit der Antike. Es liegt auf der Hand, daß damit nicht behauptet wird, Brunelleschi habe Bauformen der Antike oder der Gotik nachahmend übernommen. Im Gegenteil. Gerade weil dieser Künstler die Plastik seiner Bauwerke ausschließlich von seinen besonderen Errichtungsmitteln heraus bestimmt sein läßt, und weil er gar nie an Nachahmung geschichtlicher Formen gedacht hat, erscheint seine Architektur der Antike und der Gotik gleichwertig und geistesverwandt — nicht aber den Produkten der späteren Renaissance. Dieser

Umstand ist bedeutsam. Denn man sieht die italienische Architektur nach Brunelleschi, ja schon vor und neben ihm, immer wieder bestrebt, den konstruktiven Vorgang nicht sowohl auf ein vereinfachendes Raumsymbol zurückzuführen und ihn so der optischen Wahrnehmung zu übermitteln, als ihn vielmehr hinter einer ausdruckslos gleichgültigen, aber „schönen" Kulisse möglichst zu verbergen, hinter einer Maske zu verkappen.

Um das zu erhärten braucht man nur zuzusehen, wie der Italiener die Gotik von Grund aus umbildet, um sie seinem genius loci, seiner Gesittung und hartnäckigen Gewohnheit anzupassen. Keine Kirche in Florenz bringt die konstruktiven Gedanken der Gotik sichtbar zum Ausdruck. Obgleich der Dom, Santa Croce und die ehrwürdige Santa Maria Novella entweder vollständig oder doch wenigstens in ihren Seitenschiffen nach gotischer Art überwölbt sind, ist daraus nirgends die Folgerung gezogen und die Außenwand in ein System von Streben aufgelöst. Vielmehr läßt der Toskaner die Wand bestehen gemäß seiner Überlieferung, um sie möglichst sparsam hier und dort mit Fenstern zu unterbrechen. Und wie um seinen unerschütterlichen Entschluß noch zu bekräftigen, verkrustet er nach alter Sitte die Wände mit farbigem Marmor. So hat, um eines typischen Beispieles zu gedenken, Alberti die Fassade der Santa Maria Novella mit schwarz-weißem Marmor bekleiden lassen, daß sie wie die Stirnseite eines Tempels mit Säulen, Pilastern und Giebel aussieht. Vor das Pultdach werden zwei mit Ornamenten bestickte, jetzt stark verwitterte, Voluten gesetzt. Ein nichtssagendes Mittel ist damit verwendet, um den konstruktiven Charakter eines Gebäudes zu verbergen. Ein Mittel, das für folgende Zeiten leider vorbildlich geworden ist und dadurch nicht besser wird, daß es sich auf den Erbauer des Palazzo Rucellai berufen darf.

Im Innern geht es nicht anders zu. So werden im Mittelschiff des Domes die Pfeiler so sehr auseinandergerückt und von so riesigen Bogengurten überspannt, daß der räumliche Akzent der Gotik, die Senkrechtigkeit, verschwindet und man sich trotz ungemeiner Höhe des Schiffes (über 40 m nur bis zum Gewölbe) in einem wagrecht betonten und orientierten Raum zu befinden glaubt. Selbst was also konstruktiv kühn ist, wie diese Überwölbung durch Talenti, ist es in einem der Gotik stracks entgegengerichteten Sinne.

Was den Einwohner Italiens in übermächtigem Instinkte so verfahren hieß, wird später untersucht werden. Natürlich ist den Architekten der Wiedergeburt kein Vorwurf zu machen, daß sie die Gotik zu überwinden und durch einen anderen baulichen Organismus zu ersetzen suchten. Darin liegt, was selbstverständlich ist, ihre Stärke. Zu tadeln ist nur das Kompromiß, die innerlich nicht angeeignete und assimilierte Art der Errichtung, die jeweils im äußeren Raumbilde verleugnet wird. Dieser Widerspruch ist nicht nur als ein intimes Unverständnis für nördliche Bauwerke aufzufassen. Durchaus nicht. Sondern als die schleichende Gefahr und artistische Unwahrheit der Renaissancekunst überhaupt. Wo das Bestreben auftritt, die Konstruktion durch Ausschmückung der Wand zu verheimlichen und wesentliche Errichtungsbestandteile verkümmern zu lassen, ist der Schritt nach abwärts zur leeren Fassadenarchitektur getan. Diese bildet allmählich einen plastischen Raum aus, der die konstruktiven Züge des Baus nicht vermittelt, sondern zudeckt und vergräbt. Sie löst das Äußere des Hauses (auch die Kirche ist begrifflich nichts anderes als ein Haus von besonderem Zweck) von seinem Zusammenhange mit dem Innern, sie trennt die Erscheinung der Bauteile von ihrer Funktion und zerstört damit die geheimnisvolle Einheit von Kunstruktion und plastischer Form. Die Neigung zu solchen artistischen Widersprüchen scheint in Italien das Erbteil der ausgehenden Antike wie der mittelalterlichen Bauweise und der Protorenaissance zu sein. Ja man darf sagen, daß sie, wie jede dem Menschen eingefleischte Tendenz, zeitlich gar nicht eingeschränkt ist. Merkmale des Niederganges treten zuerst als offenbare Kleinigkeiten, als geringfügige Mängel liebenswürdiger Kunstwerke auf. Sie versehren, wie häufig die Krebsschäden des Lebens, gerade den gesündesten und schönsten Leib. Man kann sie an Kleinodien der Baukunst nachweisen, wie am Battistero San Giovanni und an San Miniato, die man den Auftakt der toskanischen Renaissance nennen könnte. Die Marmorbekleidungen beider Kirchen ähneln sich stark, obwohl sie kaum gleichzeitig ausgeführt worden sein möchten. Mit der Verkrustung der Taufkirche, die vielleicht schon im 7. oder 8. Jahrhundert erbaut wurde, begann man etwa Ende des 12. Jahrhunderts und beendigte sie 1471. Wann das im 11. Jahrhundert erbaute San Miniato mit seiner Fassade versehen wurde, habe ich nicht ermitteln können. Beide Kirchen sind außen durch Blendbogen von schwarzem Marmor gegliedert, die von leichter und anmutiger Wirkung sind. Aber nun werden die Halbkreise, die den Bogen einschließen, in eine Anzahl rechteckiger Felder aufgeteilt, obwohl nicht die geringste Veranlassung vorliegt, den entstandenen Kreisausschnitt nochmals in Flächen zu zerschneiden. Die Wirkung, die dadurch erreicht wird, ist jetzt nicht mehr die einer ornamental ausgefüllten Wand, sondern eines verdrießlichen Widerspruches zwischen der Kurve der Blendbogen und den geraden Feldern. Noch mehr. Die Blendbogen sind in beiden

Fällen als Überspannungen marmorner Halbsäulen gedacht. Das logisch konstruktive Verhältnis von Halbsäule und Blendbogen wird indessen empfindlich gestört, wenn nicht aufgehoben, durch die Ausfüllung mit schwarzweißen Rechtecken. Es ist ein fast unscheinbares, aber leider typisches Beispiel, wie hier ein Kampf entbrannt ist zwischen dem anschaulich gemachten Ausdruck konstruktiver Beziehungen und dem Ornamente, der geometrisch farbigen Flächenbelebung, die sich als ein Bestandteil von selbstherrlicher Bedeutung geberdet. Wer übrigens die Fassade von San Miniato aufmerksam betrachtet, wird nicht wenige solcher ornamentaler Mißgriffe gewahren.

Was dort noch Geringfügigkeiten sind, entwickelt sich zu einer schweren inneren Gefahr der späteren Baukunst. Wo die Stirnwand des Gebäudes als ein Gebilde selbständiger Art vom übrigen Baukörper abgesondert wird, sinkt die Architektur zur „dekorativen Kunst" herab — das heißt, sie liefert sich dem feindlichen Widerspiel aller Kunst aus. (Dekorative Kunst ist im Grunde eine contradictio in adjecto.) Freilich vergessen viele allzu willig, wenn sie vor den farbigen Quadern der Santa Maria del Fiore und der Taufkirche San Giovanni stehen, daß sie trotz aller Marmorherrlichkeit dem Eindrucke einer architektonisch unzulänglichen Vorstellung erliegen. Sie vergessen das, weil an die Stelle plastischer Empfindungen unvermerkt in ihrem Bewußtsein malerische eingesetzt wurden. Die Marmorkruste des Domes, bei jedem Wetter, zu jeder Stunde des Tages und sogar der Nacht anders aussehend, nimmt die Sinne durch ihre Farbenspiele gefangen. Wenn die obere Hälfte des mächtigen Körpers der Kathedrale, das Dach der Taufkirche, Glockenturm und Kuppel von milder Sonne abendlich beglänzt werden, begeben sich optische Erscheinungen, die keinen unberührt lassen. Der untere Teil liegt in hartem, schwefeligem Gelb, der obere steht rötlich gegen einen gleichsam dicht gewordenen und vertieften Himmel. Kuppel, Laterne, Turm und Baptisterium glühen sanft zusammen in einer unteilbaren Gemeinschaft von Stoff, Stein, Form, Raum, Farbe und Geist, über der Stadt, der Piazza und den wimmelnden Menschen. Die Rippen der Kuppel strahlen klar und kalt aus den rostigen Feldern der Ziegel, das Auge hebt sich in immer wiederholter Bewegung zur Laterne, die den scharfen Umriß von Kugel und Kreuz fern in den Himmel zeichnet. Die unausrottbare Romantik des Instinktes, die in allen steckt, die nicht im Geiste tot sind, genießt dieses Anblicks als eines malerischen, ja, sie genießt die Vereinigung von architektonischer Form, von Licht und Abglanz, von Stein und kirchlich religiösem Machtausdrucke in einem reichen, wenn auch wahrscheinlich nicht mehr ästhetischen Gefühle, welchem Einwände und Bedenken nichts anhaben können.

Aber dieser Zustand, diesem einzigen Orte verdankt, darf nicht darüber täuschen wollen, daß die Baukunst nicht da ihre reine Ausprägung erfährt, wo sie der Unterstützung von Farbempfindungen bedarf, um architektonische und plastische Mängel vergessen zu machen. Sondern dort, wo sie möglichst ausschließlich mit i h r e n Kunstmitteln arbeitet. Es mag ja, wie beim florentinischen Dome, vorkommen, daß ein farbig verkleideter Bau die Wirkung des architektonischen Kunstwerkes hervorbringt. Wie auch etwa einmal eine vielfarbige Plastik alle Einwände besiegt. Nur vergesse man nicht, daß diese Dinge nicht d e s h a l b, sondern t r o t z d e m schätzenswert sind. Wie das der Fall ist beim Turme Giottos, der seine gotische Erscheinung durchsetzt, trotz der wagrechten Marmorbänder, Simse und Zierleisten, die seine Senkrechte immer beeinträchtigen und abschwächen wollen. Eine gewisse unkonstruktive Gesinnung der Renaissancearchitektur ist somit unverkennbar und unbestreitbar. Sie schafft einen Gegensatz zur Gotik, aber auch zur antiken Baukunst oder zu den Werken Brunelleschis. Die Verschleierung der Konstruktion durch Verkleidung der Wände, die Anwendung des Ornamentes in einem ausschließlich dekorativen Sinne zeugen genugsam von dieser Gesinnung. Sie sei noch an einem anderen Beispiele erläutert, für welches Michelangelo die Verantwortung zeichnet. Er hatte die Vorhalle und die Treppe entworfen, die zur Laurenziana führt. Die Treppe, die allerdings nicht von ihm, sondern von Vasari fertiggestellt wurde, zeigt eine Reihe von Zierformen sinnwidrig an sie verschwendet. Ihre untere Hälfte wird in drei Einzeltreppen geteilt, deren mittleres Stück durch zwei Brustwehren von plumper und unverhältnismäßiger Form von den beiden äußern geschieden ist. Diese Teile werden also (logischerweise) zwar vom mittleren und inneren Teil durch Balustraden ängstlich abgesondert — sie selbst jedoch bleiben an ihrer Außenseite ohne jedes Geländer. Die Stufen der Mitteltreppe sind jeweils im Grundriß dreimal in Kurven gebrochen, damit der Fuß des Emporsteigers, der das nicht gewöhnt ist, wenn irgend möglich, zum Stolpern gebracht wird. Die beiden Seitentreppen münden gemeinsam mit der mittleren in eine schmälere obere Treppe, und wo sie endigen, legen sich quer zwei häßliche Voluten über die Stufen. Vasari behauptet, daß „man nie eine bequemere Treppe gesehen hätte mit so seltsamen Abstufungen und so verschieden von der gewöhnlichen Art". Wollte er damit unabsichtlich eingestehen, daß man hier um jeden

Preis, auch um den der Vernunft und der architektonischen Logik, eine Sache anders und aufsehenerregender machen wollte, als sie andere gemacht hätten? Wollte er mit seinem selbstgefälligen und eitlen Grinsen den Triumph der Sensation über die Kunst verkünden?

Die Vorhalle selbst ist mit Säulenpaaren ausgestattet, die in den Mauern eingelassen sind und die nichts zu tragen haben. In ihren Zwischenräumen befinden sich eingerahmte Nischen, unter ihnen Konsolen, die in den Ecken abscheulich verwinkelt gegeneinander stoßen, allerlei skurrile Überschneidungen und Löcher bildend. Die Wand ist hier nur noch Gelegenheit für eine prunkende, aber leere Schaustellung von Zierformen, deren funktionale Bedeutung in Vergessenheit geraten zu sein scheint. Überdies nimmt die Vorhalle die Gliederung des anstoßenden Büchersaales durch fortlaufende Nischen vorweg. Es ist kaum glaublich, was diese Architektur hervorbringt, die nichts mehr davon wissen will, daß eine Säule, ein Fenster, eine Wand, eine Treppe **Baufunktionen** und keine Zieraten, keine dekorativen Bestandteile sind.

Man schelte es nicht kleinlich, wenn ich mich dabei aufhielt. Die Vorhalle der Laurenziana ist aus denselben Gründen verwerflich, aus denen die europäische Architektur des vorigen Halbjahrhunderts verurteilt werden muß. Blindlings nachahmende Begeisterlinge erhoben die schweren Verirrungen der Renaissance ebenso zu vorbildlicher Gesetzmäßigkeit, wie ihre großen und ersprießlichen Leistungen. Niemand bildete sich einen Maßstab, der ein architektonisches Kunstwerk von einer häßlichen Dekoration zu unterscheiden gestattete. Die Erkenntnis fehlte durchaus, daß es in keiner Kunst, am wenigsten in der Architektur, Formen gibt, die man von den Funktionen abtrennen darf, als deren räumliche Materialisation sie auftreten. Man dachte nicht daran, daß die Form in der Architektur die immer neu zu erschaffende plastische Erscheinung konstruktiver Lösungen ist. Denn genau wie in der Skulptur jeder neu aufgefaßte vitale Vorgang, jede neue Bewegung eine neue formale Darstellung fordert, so erheischt in der Baukunst jede besondere Konstruktion ihr besonderes Raumbild, in welchem sie zum Ausdruck gelangt.

Daraus folgt zweierlei. Solange der Architektur keine veränderte konstruktive Leistung zugemutet wird, ist sie verpflichtet in dem Formtypus fortzubauen, der sich aus dieser Aufgabe nach und nach herausentwickelt hat. Wo dagegen veränderte Probleme der Errichtung auftauchen, fordern sie ein ihrer Art entsprechendes räumliches Sinnbild. Beide Forderungen befriedigen sowohl die menschliche Neigung, der Überlieferung treu zu bleiben, wie die andere, wo es notwendig ist, sie zu durchbrechen. Die Logik der Epoche, die bis vor kurzem unsere „Jetztzeit" war, erweist sich nirgends überwältigender als in der Tatsache, daß sie gerade umgekehrt verfuhr. Wo die Architektur durch den wirtschaftlichen Umschwung bewogen sein mußte, einen neuen Formtypus wie beispielsweise das vielstöckige Mietshaus der Großstadtvorstädte zu erfinden, benutzte sie die überkommenen Raumbilder der Renaissance. Wohnungen, in denen kleine Beamte, Handwerker und Krämer lebten, sollten von ungefähr an die Paläste der toskanischen oder der genuesischen Großbankiers erinnern. Wo hingegen die seit langem gefestigte architektonische Organisation des Patrizierhauses, der Villa, des Kleinbürgerhauses bestand, wo Jahrhunderte am Werke waren, den toskanischen Palazzo allen möglichen Bedürfnissen des Reichen und des Ärmeren in allen geographischen Breiten anzupassen, da verfiel man auf die „neuen" Formideale des Schweizer und Tiroler Bauernhauses, der altdeutschen Erker, Winkel und Türme, der gotischen Altane und Zinnen: ein Wahnsinn, der nur dadurch erträglich wird, daß man über ihn lacht, ihn auspfeift. Aber genug von diesen oft erörterten und langweiligen Torheiten. Nicht sie sollten hier festgestellt werden, sondern die Symptome ästhetisch verwerflicher Richtungen in der florentinischen Baukunst. Hätte man die Architektur rechtzeitig beurteilt, wie alle Künste zu beurteilen sind: nämlich nach einer ästhetischen Wertvorstellung, so wären diese Merkmale artistischer Schwäche und Unzulänglichkeit richtig gedeutet worden.

Die Umbildungen, die der nördlichen Bauweise widerfuhren, müssen zum Teile einer gewissen unkonstruktiven Gesinnung der Renaissancearchitekten zugeschrieben werden. Aber doch nur zum Teile. Die Gotik mochte den Italiener schon wegen ihres konstruktiven Eigensinnes befremden, wenn nicht abstoßen. Jedoch hat es damit noch eine durchaus andere Bewandtnis. Auch wo von einem unkonstruktiven Verfahren keine Rede sein kann, erscheint die Baukunst der Wiedergeburt als der Gegensinn zur Gotik. Ich sagte oben, Brunelleschi sei der gotischen Weise geistesverwandt, weil er seine plastischen Raumvorstellungen ebenso streng als Symbole der Konstruktion entwickelt, wie das die gotische Manier zu tun pflegt. Jetzt ist diese Behauptung zu ergänzen. Es ist die Verwandtschaft zweier ebenbürtiger Gegner, die hier besteht, keiner Freunde. Sie sind einander gleich an Wert, Kraft und gesetzmäßiger Gesinnung, aber ganz verschieden in ihrem Wesen und Charakter. Brunelleschis Werke sind gotisch, weil sie in einem unübertrefflichen Maße Sinnbilder ihrer konstruktiven Verfassung sind, in einem Maße, das der italienischen Baukunst sonst fremd ist. Aber die konstruktive Verfassung selbst ist eine durchaus andere als die gotische.

Beschaut man die paar von Brunelleschi ausgeführten oder doch wenigstens von ihm geplanten Kirchen in Florenz, so läßt sich dieser Unterschied in der Verfassung trefflich zur Empfindung bringen. Sei es, daß man dabei an die kleinen Zentralbauten denkt wie die alte Sakristei San Lorenzo, die Cappella Pazzi, oder an die durchgängig in seinem reinen Geiste errichtete Sakristei San Spirito (die übrigens von Giuliano da San Gallo und Cronaca ausgeführt wurde). Oder sei es, daß man dabei die Schiffe von San Lorenzo und San Spirito im Sinne hat. Wie stark der konstruktive und plastische Gegensatz dieser Werke zur Gotik ist, drückt sich nachhaltig in San Spirito ein, der schlichtesten, wohlabgemessensten und klarsten Renaissancekirche in Florenz. Schlendert man in ihren Schiffen umher und gelangt unweit der Vierung an irgendeine Stelle im Querschiff, wo man zurückschauend die Säulen und Bogen der ganzen Kirche in vielfältigen Überschneidungen, Querschnitten, Verkürzungen und Durchblicken sieht, so hat man sehr bald das Gefühl, in einer Säulenhalle des römischen Altertums sich zu befinden. Und man begreift, was diese Kirchen sind. Nämlich nichts anderes als die Hallen der hellenistisch-römischen Zeit, wo Markt oder Gericht abgehalten wird, wo sich Menschen versammeln, um ihren bürgerlichen Geschäften und Pflichten obzuliegen, wo man gemächlich umherwandeln kann und zuschaut, wie die Szenen des Lebens gespielt werden im Tausch oder Verkauf, im Rechtsgeschäft und Urteil. Sie blieben dieselben Hallen, ob aus hellenistischer, römischer, frühchristlicher oder romanischer Zeit, mag auch sonst das genetische Verhältnis der Basilika als Kirche zu den Markt- und Gerichtsbasiliken dem Historiker durchaus problematisch sein. Die Verfassung der Säulenhalle, die durch Hochführung der Mittelschiffswände, durch Anfügung der Apsis und des Querschiffes zur Kirche umgewandelt wurde, gelangt überall zum Durchbruch, im Pisaner Dom wie in den Werken der späteren Jahrhunderte.

Freilich ringen in dieser Säulenhalle architektonische Kräfte um Ausgleich, die kaum vereinbar sind. Sie ist als Raumvorstellung nicht ungehemmt zu verwirklichen, sozusagen nicht völlig auszutragen gewesen, weil die Renaissance noch mit einem anderen Baugedanken beschwert war. Ich meine den Zentralbau. Die Kirche möchte jetzt am liebsten beides sein: ein ausgedehnt weiträumiger Säulenumgang und ein kuppelgedeckter zentraler Raum. Das spricht sich durch die Tatsache aus, daß über viele Renaissancekirchen da, wo sich Langhaus und Querhaus vieren, ein Gewölbe gespannt wird. Eine Überwölbung, die allerdings manchmal konstruktiv gefordert ist, wenn die Vierung den Schiffen gegenüber bedeutend verbreitert wird. Aber gerade für diese Verbreiterung im Grundriß muß wiederum der Gedanke an den Zentralbau verantwortlich gemacht werden. So leidet die Renaissancekirche an einem tiefen Widerspruch in ihrer Konstruktion, der in Florenz wenigstens nirgends völlig getilgt erscheint, und unter welchem natürlicherweise am meisten die Überdeckung zu leiden hat. Die Säulenhalle allein bedürfte keiner Überwölbung, die den Eindruck der Tiefe und Weite immer zugunsten der Höhe abschwächt. Infolgedessen deckt man die Mittelschiffe, wie in der vormaligen Basilika, flach. Die Seitenschiffe dagegen werden mit Kappen, die Vierung mit einer mäßigen oder steilen Kuppel überwölbt. Das Raumbild, welches sich daraus ergibt, kann unmöglich die Anschauung ganz befriedigen. Solange man Zentralbau und langschiffige Säulenhalle in ihrer baulichen Organisation einigermaßen trennte, wie Brunelleschi, der die Sakristei ausschließlich als das eine, die Kirche überwiegend als das andere errichtet, konnte immerhin der kleine Zentralbau zu einem vollendeten, die Kirche selbst zu einem leidlichen architektonischen Körper ausgebildet werden. Aber die von einem hartnäckigen und einheitlichen Willen getragene Raumplastik der nordischen Kathedrale mit ihrer untadelhaften Überwölbung war für den Langschiffbau nicht zu erreichen. Das Problem der Überspannung bleibt ungelöst, weil der gesamte Baukörper den Gegensatz verschiedener konstruktiver Neigungen einschließt. Merkwürdig ist nur, daß keine dieser Vorlieben die andere endgültig verdrängt hat. Anstatt entweder den Zentralbau aufzugeben und die Idee der Säulenhalle zu entwickeln, oder aber dieser zu entsagen und jenen zur herrschenden Bauform auszugestalten, will oder kann, vielleicht teilweise aus Gründen des Kultus und der kirchlichen Bedürfnisse, die Renaissance auf keine der beiden Vorstellungen verzichten. Trotz einer nicht geringen Zahl ausschließlicher Zentralanlagen ist es der Wiedergeburt nicht gelungen, eine Form für Kultstätten heranreifen zu lassen, die als eine bauliche Organisation dem dorischen Tempel, der gotischen Kathedrale oder dem indisch-mohammedanischen Zentralbau im Zeitalter Schahjahans gleichzusetzen wäre.

Man hat das Widerspiel der italienischen (antiken) und der nordischen Raumideale längst erkannt und auch eine Formel dafür gefunden. Danach bevorzuge die Gotik die senkrechte Raumachse und orientiere das architektonische Gebilde nach ihr. Der Italiener, hier viel mehr als in den andern Künsten der Sohn der Antike, suche Weiträumigkeit und Herrschaft der wagrechten Achse. Man sieht darin wohl auch heute noch zwei nicht weiter erklärliche Grundrichtungen verschiedener Rassen, die so wenig deutbar seien, wie etwa die Vorliebe des einen für hochgewachsene, volle und blonde, des andern für schmächtige, zartgegliederte und dunkle Frauen. So einfach liegt jedoch der Sachverhalt nicht. Es handelt sich nicht schlankweg um den Gegensatz der Vertikalen und Horizontalen, mit dem übrigens gegenwärtig etwas wohlfeile Scherze getrieben werden. Denn der Begriff der Gotik, woferne man nicht einen vom Himmel herabgefallenen „Stil" meint, bezeichnet ja selbst nur das folgerecht geübte Verfahren, weite Räume mit gekreuzten Bogenrippen zu decken. Sobald aber die Überwölbung Hauptaufgabe der baulichen Errichtung wird, ist die Gotik als Vollendung ältester architektonischer Überlieferung aufzufassen: mithin als Vollendung auch der Antike, so unerwartet das im ersten Augenblicke klingt. Denn die Kunst des Überwölbens war doch geradezu das Vermächtnis des Altertums, das sich in Rom das Pantheon, in Byzanz die Hagia Sofia zum dauernden Gedächtnis seiner konstruktiven Fähigkeiten erstellt hatte. Diese Freude an der Überwölbung lebt weiter in der Gotik u n d in der Renaissance. Die machtvollsten architektonischen Leistungen der Wiedergeburt gipfeln abermals in zwei Wölbungen. Zwischen dem achtseitigen Klostergewölbe der Santa Maria del Fiore mit seinem Spitzbogenquerschnitt, und der runden Kuppel, die Michelangelo über die Peterskirche führte, besteht freilich ein nicht unwichtiger Unterschied. Aber dieser ist im Grunde von technischer, nicht eigentlich von artistischer Bedeutung und bedingt keinesfalls eine Verschiedenheit der architektonischen Ziele. Die römische Kuppel und das florentinische Klostergewölbe akzentuieren beide den Raum in der Senkrechten, und niemand wird behaupten wollen, daß eine von ihnen die Höhenachse weniger bevorzuge als die andere. Wie steht es also mit der Senkrechten und Wagrechten? Was soll man zu der Tatsache sagen, daß die Kuppel des florentinischen Domes ebensosehr ein Sieg der Spitzbogenwölbung ist wie die Schiffe der gotischen Kathedralen? Und daß sie anderseits doch nicht weniger aus der Baubewegung der Wiedergeburt heraus erschaffen wurde als die „echte" Kuppel von Sankt

Peter. Oder wäre das Werk Brunelleschis etwa deshalb kein architektonischer Ausdruck des Rinascimento, weil es ganz und gar auf gotischer Wölbekunst beruht? Kann man sich nicht vorstellen, daß gerade aus der gotischen Überlieferung heraus eine Bauform entworfen worden wäre, die das Klostergewölbe über einen Zentralbau spannt und so mit Hilfe der Gotik einen antiken Lieblingsgedanken verwirklicht? Und wo bliebe, falls ähnliches durchgedrungen wäre, der Gegensatz von der Senkrechten und Wagrechten? Nein. Wenn irgendwo die Tendenz zur ausschließlichen Vertikalen in der Baukunst bestand, so war es in der Idee des kuppelüberwölbten Zentralbaues und nicht in der gotischen Kathedrale. Das Beispiel des florentinischen Domes beweist, daß die Gotik geradezu das Mittel hätte werden können, um eine antike Tendenz vollendet zu verwirklichen.

Vielleicht erkennt man das Verhältnis der antiken und Renaissancebaukunst zur nordischen Weise besser, wenn man einige konstruktive Einzelheiten aufmerksam würdigt, die für die beiden architektonischen Bewegungen entscheidend waren. Die Voraussetzung alles Wölbens ist der Bogen. Er kann entweder auf der Säule ruhen oder auf dem Pfeiler. Das scheint wenig belangreich; aber vermutlich bedingt dieser Unterschied alle Gegensätze, die Renaissance und Gotik zueinander bilden. Die Antike legte den Bogen auf Säulen. Die Säule ist in ihrer architektonischen Reinheit (in der dorischen Ordnung) die einfachste und sinnlichste Veranschaulichung ihrer konstruktiven Funktion: sie stützt eine ihr oben auferlegte Last. Darüber hat Schopenhauer im 35. Kapitel des zweiten Bandes seines Hauptwerkes einige ausgezeichnete Seiten geschrieben. Säule und Architrav stellen das Verhältnis von Last und Stütze dar, wie auf etwas abgeschwächte

Weise Säule und Bogen. In beiden konstruktiven Formen will die Antike ein und denselben statischen Vorgang versinnlichen: die Schwere, den Druck, und physikalisch gesprochen, ihren Gegendruck. Auf dem antithetischen Verhältnis dieser zwei mechanischen Kräfte beruht alles Bauen und Errichten, und es verrät viel Wesentliches vom antiken Menschen, daß er immer und immer wieder die architektonische Verkörperung dieses Widerstreites sucht. Nirgends empfindet die italienische Rasse, der man die Wiedergeburt verdankt, so antik, so römisch-hellenistisch, als wenn sie allenthalben in ihren Kirchen und Palästen dieses mechanische Urphänomen des Bauens zu sichtbarer Erscheinung gelangt finden wollte. Nicht die Weiträumigkeit ist Gesetz der antiken Architekturen — und die Renaissance ist ja nur deren schöpferische Fortbildung - -, sondern die unbedingte Erhaltung der konstruktiven Zweiheit „Säule und Bogen" als des kräftigsten Symboles für jede errichtende Tätigkeit. Der Mensch stemmt hier der Last der natürlichen Schwere einen tragenden Schaft entgegen. Er mißt in der Anschauung das Gewicht der Bürde an der Stärke der Säule, und somit ist es gut. Wie um diese Tatsache zu unterstreichen, hat Brunelleschi in den Schiffen von San Lorenzo und San Spirito die Kapitelle erheblich verstärkt durch viereckige Gebälkstücke, sogenannte Kämpferaufsätze, die so aussehen, als ob die Säule allein noch nicht zur Stütze genüge. Der Eindruck des Tragenmüssens wird dadurch bekräftigt, sogar auf Kosten des plastischen Raumbildes.

Mit ungemein geistreicher Dialektik wird nun in der Gotik dieser Tatbestand abgeändert. Sie ersetzt die Säule durch die Strebe, zu der teilweise selbst wieder der Bogen verwendet wird. Strebe und Bogen drücken aber nicht mehr das einfache mechanische

Verhältnis von Last und Stütze, von Druck und Gegendruck aus, sondern die viel schwierigere Tatsache, daß die besondere Form des spitzen Bogens eine neue Verteilung der Last bewirkt, die Schwere in einem gewissen Sinne überwindet und das Spiel der beiden ursprünglichen Gegenwirkungen eigentlich aufhebt. Während der wuchtige Architrav der Griechen, der halbkreisförmige Bogen der Römer, die auf starken Säulenschäften ruhen, die Größe der Last möglichst eindringlich darstellen wollen und offenbar die Schwerkraft selbst, keineswegs deren Verteilung, Fortpflanzung und Überwindung versinnlichen, scheint der gotische Bogengurt mit den Druckkräften zu spielen. Den konstruktiven Vorteilen des Spitzbogens folgend, pflanzt die Gotik den Seitenschub auf Strebebogen und Pfeiler fort, der Bogen selbst bewirkt eine viel günstigere Verteilung der Last, man könnte sagen, daß er weniger seine Stütze beschwert als selbst schon stützt und Schwere verringert. Das Begriffspaar Last und Stütze besteht hier nicht mehr in seiner starren Gegensätzlichkeit. Aus der Antithetik der Kräfte wird eine Synthesis insofern, als der Bogen nicht sowohl die Stütze belastet, sondern an der Funktion des Stützens teilnimmt. Ohne Unterbrechung steigen die überschlanken Dienste, die Halb- und Viertelsäulen samt ihren Bogengurten in die Höhe. Aber nicht, weil der nordische Baukünstler in die Senkrechte vernarrt wäre, sondern weil er weniger an der zur Anschauung gelangten Schwerkraft als vielmehr an ihrer gegenständlich gemachten Überwindung seine Freude hat. Dafür gibt es keinen unwiderleglicheren Beweis als die Tatsache, daß die Gotik auf die Säule verzichtet. Eine Kleinigkeit verrät dabei vieles. An der dorischen Säule sollte das Kapitell mit Plinthe und Kymation den Druck besonders augenfällig machen, den das quer darüber gelegte Epistylion ausübte. Wohlan. In der Spätgotik verschwindet das Pfeilerkapitell allmählich ganz (wie beispielsweise im Winterremter der Marienburg), oder es sinkt zum Zierstück herab. Man hat das logische Bedürfnis, die letzte Erinnerung an die Säule und ihre Funktion zu tilgen. In einer Linie sollen Dienste, Streben und Rippen bis zum Scheitel ansteigen. Vom Boden bis zum Schlußstein ist in der Gotik alles Bogen, alles Schwere, alles Fortpflanzung und Übertragung der Schwere zumal. Die Kurven der Wölbungen beginnen eigentlich schon da, wo der Bau über die Erde ragt, zuerst mit unendlich kleiner, dann mit wachsender Krümmung, bis sie sich im Scheitel schneiden. Ich nannte das Ergebnis dieses Verfahrens ein dialektisches. Und ein solches ist es, weil in jedem Teil der steilen Kurve da, wo die Last Druck ausübt, dieser sogleich aufgehoben und weitergeleitet erscheint. Was Altertum und Renaissance zu einer stabilen und unabänderlichen Gegensetzung machen, wird in der Gotik gleichsam verflüssigt. Überwältigung der Schwere hat Schopenhauer die Gotik genannt. Aber im völligen Mißverständnis ihrer konstruktiven Verfassung glaubt er von einer Überwältigung durch Starrheit reden zu dürfen. Das Gegenteil ist richtig. Die Gotik siegt über die Schwerkraft durch stetige Fortpflanzung und Bewegung. Sie leitet die Schwere fort wie das Metall die Elektrizität.

Was schließlich auf folgende Formel gebracht werden möge: das gotische System bringt nicht mehr, wie Antike und Wiedergeburt, das Doppelspiel Druck und Gegendruck, Last und Stütze zur Anschauung. Vielmehr versinnlicht es die Überwindung der Last durch die statische Gesetzmäßigkeit des spitzen Bogens. Die Gotik will den Sieg der konstruktiven Eigenschaften ihres vornehmsten Errichtungsmittels über die natürliche Schwere zum Genuß bringen. Nach einem Sprachgebrauche der Alten wurde ehemals die Tragödie oder Komödie „getanzt" — die Römer sagten tragoediam, comoediam saltare. Von der gotischen Bauweise dürfte man entsprechend behaupten, in ihr werde die Architektur getanzt.

Der antike Mensch nahm in seiner Baukunst sozusagen die Schwere mit in Kauf. Er will sie keineswegs besiegen, eher sich ihre Größe eindringlich bewußt machen. Indem er ihr eine Ordnung von Säulen entgegenstemmt, erkennt er sie an. Er bringt zur Mitteilung, wieviel Anstalten, welches Maß an stützender Kraft es bedürfe, um das Gebälk eines Daches zu tragen. So wenig wie man sich ursprünglich vorstellen konnte, daß die Himmel anders als durch Atlas' Schultern vorm Einsturze bewahrt blieben, so wenig will der antike Mensch, sei er Grieche oder Römer, auf den sinnlichen Eindruck sicher gestützter Lasten verzichten.

Das scheint mir der letzte Grund, warum auch der italienischen Rasse die Gotik widerstrebt. Die Gotik wirtschaftet mit einer neuen, fremdartigen konstruktiven Einheit. Bei ihrer Vervollkommnung der Wölbekunst wird sie zum Verzicht auf Säule und Bogen gedrängt. Sie erfindet Mittel, durch welche die Last ganz anders verteilt, fortgeschoben und geleitet wird. Und sie freut sich dieses unerhörten Vorteiles über die Schwerkraft so, daß sie gerade ihn zum Raumausdrucke bringt. Das Auge, das an den Kurven gotischer Gewölbe hinaufgleitet, nimmt keine Gegensetzung, keinen Kampf statischer Mächte, sondern nur ein ununterbrochenes Kontinuum, eine Stetigkeit wahr. Nicht mehr eine konstruktive Zweiheit, sondern eine Einheit. Die Last ist überall und nirgends, die Stütze nirgends und überall. Die Kräfte, die die südliche und östliche Bauweise auf zwei Raumachsen, auf die Senkrechte und auf die Wagrechte verteilt zeigt, verlegt das gotische

System in eine einzige: sie zeigt gleichsam die Resultante der statischen Bewegung, die andern die beiden Komponenten. In dieser, aber nur in dieser Hinsicht ist die gotische Kunst beherrscht von der Vertikalen, die Renaissance von der Horizontalen. Das ist so, weil beide Richtungen zwei verschiedene konstruktive Vorgänge in verschiedenen architektonischen Ausdrucksmitteln verstofflichen. Hier Strebe und Gurt in stetiger Linie, dort Säule und Gebälk oder Säule und Bogen in gegenwirkender Erscheinung.

Aber indem die Gotik die stetige Kurve als Raumelement der Überwölbung bevorzugt, bedient sie sich eines gefährlichen Gestaltungsmittels. Wo der Baumeister, ja wo ganze Folgen von bauenden Geschlechtern das eigentliche und wahre statische Verhältnis der Gegenstände im Raume zueinander auszudrücken verschmähen, indem sie das natürliche Gesetz der Materie auf alle Art unwirksam zu machen suchen, verlieren sie sich gleichsam in eine Unendlichkeit von konstruktiven Möglichkeiten und sprengen den architektonischen Raum als ein überschaubares Ganzes, als einen einheitlich bestimmbaren und wohlabgemessenen Formzusammenhang. Ich möchte die Baukünstler der Antike und der Wiedergeburt mit einem Menschen vergleichen, der das Natürliche nicht fürchtet und das Übernatürliche nicht sucht. Er nimmt auf sich was ihm Geschick, Bestimmung und Weltlauf zumuten. Er trägt es ohne Murren und Grimassen und zeigt stolz, indem er trägt, daß er so stark ist wie seine Bürde. Ja er gibt vielleicht nicht undeutlich zu erkennen, daß ihm die Gewichte willkommen sind gegen seine eigene Leichtigkeit. Er ahnt, wie alles menschliche Dasein auf dem Verhältnis beruht zwischen dem von außen Auferlegten und den individuellen Kräften, das Auferlegte zu dulden. Dieser Mensch wird Symbole suchen, die ihm gemäß erscheinen und den natürlichen Vorgang als solchen versinnlichen, nicht seine Überwältigung. Er wird eine Bauform schaffen, die das Material, den Stein und seine Eigenschaften nicht gleichsam verzehrt, sondern zur abgewogenen Erscheinung bringt. Für die Antike wie für die Wiedergeburt ist der Raum nicht dazu da um den Menschen von Natur und Gesellschaft abzusondern; während man in den Domen des Nordens allein ist und wenn Hunderte gleichzeitig mit einem sind. Freilich spricht aus ihnen eine logische Energie, ein Pathos des Raumes wie nirgends sonst. Aber diese riesenmäßigen Gewölbejoche, die in der Höhe über dem Menschlein zusammenbranden, kommen ihm doch fremd und entgegengesetzt wie ein unheimliches Anders-Sein vor. Kein Behagen an Eurythmie, Abgewogenheit, Schönräumigkeit kann hier entstehen. Die gotische Kathedrale ist ein frühes und ausdrucksvolles Sinnbild unseres nordischen Geschickes, das fortwährend in Staat, Gesellschaft, Technik, Wirtschaft und Wissenschaft Werke auszuführen gebietet, in deren Weitläufigkeit sich der einzelne schaurig einsam verliert. Ein Geschick, welches Organisationen zu erfinden zwingt, die vom einzelnen kaum noch überblickt, genossen, verstanden und beherrscht zu werden vermögen. Die Schwere, die die Gotik mit ihrer konstruktiven Kunst dem Steine nimmt, wird auf die Seele des Betrachtenden gewälzt, der sich ihrer Anschauung hingibt. Als statisches System wie als Raumkörper gleich untadelhaft, nimmt die Gotik dennoch teil an der unbefriedigt lassenden Wirkung jeder unentwegten Grundsatztreue: die Werke der unbeugsamen Logik stehen auf wider ihren Urheber, wider das Leben, das vermutlich in seiner Wurzel und Blüte von Folge und Vernünftigkeit nichts weiß.

Aus der Betrachtung etlicher Werke der Wiedergeburt war mancherlei zu folgern was die ästhetische Bedeutung des Bauens betrifft. Immer bestimmter wurde dabei die Forderung erhoben, daß das Haus eine Art Plastik sein müsse, die in vereinfachenden Raumvorstellungen ihre bauliche Struktur augenscheinlich mache. Nur wo die Architektur der Erstellung eines solchen Raumbildes bewußt zustrebt, ist sie Kunst. Der ästhetische Wert des Bauens ist ein durchaus plastischer. Es möchte nicht ganz überflüssig sein, diese Auffassung mit der früheren zu vergleichen, die das Problematische der Baukunst in ihrem „Stil" fand.

Dieser Begriff ist heute verachtet. Es schien eine Befreiung der Baukunst, als man das Joch der Vergangenheit zerbrach und wieder ohne Rücksicht auf Stil und Stilarten zu bauen begann. Was würde wohl, dachte man ungefähr, ein Künstler der Renaissance, was würde Brunelleschi auf die alberne Frage geantwortet haben, in welchem Stile er baue? Gibt es noch etwas derart Lächerliches wie den Ernst, mit dem man sich jahraus, jahrein plagte stilvoll zu erscheinen, um schließlich vor lauter Stil jede eigene Haltung schmachvoll einzubüßen?

Trotzdem ist der Begriff des Stiles weniger unsinnig, als seine dermaligen Widersacher für erwiesen halten mögen. Es gehört zu den handgreiflichen Ungereimtheiten der Zeit, wenn man auf der einen Seite der gegenwärtigen Kultur ihren Mangel an Stil zum bitteren Vorwurfe macht, und im selben Atemzuge eine Architektur ohne Stil zu begründen trachtet. Wenn der Stil in der Lebensführung eine Forderung ist, die der reifere Mensch mit Recht an sich stellt, so liegt die Vermutung nahe, daß diese Forderung auch in der Architektur nicht nur eine törichte ist. Vorausgesetzt freilich, es sei keine sprachliche Gedankenlosigkeit, den Stil des Lebens und den Stil des Kunstwerkes mit demselben Worte zu bezeichnen. Ob hier tatsächlich eine sachliche und logische Beziehung anzugeben ist, wird sich erweisen müssen.

Sinnt man dem menschlichen Leben Stil an, so ist damit schwerlich etwas anderes angedeutet als der Wunsch, es möge Form haben. Stil in diesem Betrachte ist Form, Form im geselligen Betragen, im Essen, im Trinken, im Stehen und Gehen, in der Kleidung und im Schmucke, in den geschäftlichen und beruflichen Vorgängen, in den staatlichen, religiösen, wirtschaftlichen Gebräuchen, in den Handlungen und Taten. Die Form, die dabei für erstrebenswert gilt, muß einerseits dem Innern der Individualität durchaus entsprechen, sie darf keinen Bruch verraten zwischen den Wesenszügen der Person und ihren Äußerungen. Anderseits steht die Form der Persönlichkeit wieder gegenüber als eine Sitte, eine Äußerlichkeit, ein Gesetz, die ihm verbieten sich mit seinen individuellen Eigenschaften gerade so zu geben wie sie sind. Der Mensch, der die Form nicht beobachtet, der seiner partikulären Besonderheit nachgibt, wird als stillos empfunden. Wer sich führt wie es ihm paßt, der läßt sich gehen, er ist zwar natürlich, aber nicht gebildet (im Sinne des Wortes). Es ist bedeutsam, daß man es durchaus nicht für genügend hält, wenn sich einer überhaupt frei und kühn zur Individualität entwickelt. Man schätzt nicht die Person als solche, sondern die Person, die der Form genügt, sich in die Form schickt und somit das Schickliche tut, die Form mit Leben und Gehalt füllend. Der Stil in der Lebensführung ist die Durchdringung von

Person und Form, die Steigerung der Natur zur Bildung, die Übereinstimmung des Charakters mit seinen Äußerungen, das Wachstum des einzelnen in die vorgefundenen Kulturbeziehungen hinein, die die Gesellschaft nach und nach ausgebildet hat und deren sich das Ich zu einer Art von Selbstgestaltung bedienen soll. Erst auf Grund dieser Selbstgestaltung wird das Individuum für die andern Individuen genießbar, erst sie erzeugt die Möglichkeit einer Gemeinschaft, die über ein tierisches Zusammenleben hinaus weist. Erst sie erreicht es, daß der eine ein Objekt für den andern ist, das ihm ohne praktische Beweggründe Interesse, Neigung, Wohlwollen, Gefallen und Liebe einflößt. Die Form erzeugt eine Art von neutralem Mittel, ein „milieu homogène", in dem sich die vielen gemeinsam bewegen ohne sich zu stören, und innerhalb dessen eine Verständigung der einzelnen ohne Tyrannei möglich ist. Sie macht, daß das vereinzelte Individuum mehr ist als es selbst, und daß der Mensch für seinesgleichen zu einem ästhetischen Ereignis werden kann, dessen Dasein als solches erfreut und beschwingt: die sublimste Vergeistigung menschlich gesellschaftlicher Verhältnisse, die es gibt.

Gerade als Selbstgestaltung hat der Stil die Wirkung einer verhältnismäßigen Entpersönlichung, weil er den einzelnen nicht seiner kruden, unverarbeiteten Sonderlichkeit überläßt. Aber zugleich rettet eben diese Entpersönlichung das Beste und Erfreulichste des Ichs für die Welt. Der stilisierte Mensch besitzt einen Überschuß über seine natürliche Individualität und wird infolgedessen zu einem wertvolleren Ich als das nackte und ungeformte Individuum. Wollte man also eine Ähnlichkeit, einen logischen Zusammenhang der beiden Stilbegriffe feststellen, so wäre dabei von dem Merkmale auszugehen, daß der Stil als lebendige Selbstgestaltung ebenso über die bloße Natürlichkeit und Individualität des Ichs hinausgreift, wie der architektonische Stil über die konstruktive und nutzzweckliche Beschaffenheit eines Baus. Die Frage ist nur, worin dieser Überschuß besteht, der die bloße Errichtung zur stilisierten Architektur erhebt. Erkennt man die vorhin hier gegebenen Darstellungen für richtig an, so fällt der Stil in der Architektur genau zusammen mit der plastischen Erscheinungsform der Konstruktion. Durch sie wird das Haus mehr als ein Komplex von Wohnräumen, wie eben das Ich mehr als eine zufällige und natürliche Individualität sein sollte. Das stilisierte Haus ist jenseits seiner Zweckdienlichkeit eine Schöpfung des artistischen Triebes, die Form um ihrer selbst willen darzustellen. Durch den Stil nimmt das Haus an dem vornehmen Dasein aller Gegenstände teil, die außer ihrer Zweckmäßigkeit noch ein wenig überflüssig, überschüssig sind (alles Vornehme ist aus dem Überfluß geboren und dadurch das Überflüssige par excellence). Schließlich bezeichnet der Begriff Stil in der Architektur den Umstand, daß die Bautätigkeit zwar unmittelbar eine zweckbestimmte, aber außerdem eine freie und autonome Gestaltung ist.

Es kann nicht verschwiegen werden, daß gerade die Baukunst der Renaissance zu einer entgegengesetzten Auffassung des Stilbegriffes verführt hat, die für grelle Mißverständnisse der späteren Architektur verantwortlich zu machen ist. Die florentinische Wiedergeburt brachte einen Typus des Stadthauses hervor, der wesentlich bestimmend für das europäische Stadthaus der Folgezeit geworden ist. Und in ihm lebt wiederum die Erinnerung an das antike Wohnhaus fort, dessen (sehr vereinfachte) Anlage demnach von unzerstörbarer Zählebigkeit ist. Die Verfassung des toskanischen Hauses, die sich bis heute erhalten hat, machte indessen einen gewissen Mißstand unvermeidlich. Wenn sich nämlich die späteren Geschlechter immer wieder vor Aufgaben gestellt fanden, denen in konstruktiver Hinsicht keine grundsätzlich neuen Möglichkeiten abgewonnen werden konnten, so mußte es einer architektonisch produktiven Zeit sehr schwer fallen ein ihren Kräften entsprechendes Tätigkeitsbereich zu erobern. Eine heftige Begierde, Neues zu schaffen und Neues zu versuchen, brennt vielen sozusagen auf den Fingernägeln: aber sie sehen sich einem in seiner Art abgeschlossenen konstruktiven Typus gegenüber, an dem wenig zu verbessern, viel zu verderben ist. Was geschieht? Das Schwergewicht baukünstlerischer Tätigkeit verschiebt sich, das Interesse der Darstellung wendet sich von der Konstruktion und ihrer stereometrischen Verkörperung ab um sich der Ausgestaltung der konstruktiv unbestimmten Teile, der Fassade, der äußeren und inneren Wand, dem Gesims, der Decke usw. zu widmen. Wo der Baugedanke so befestigt erscheint, daß er keine durchgreifende Umbildung mehr erträgt, gehört die produktive Kraft, die architektonische Phantasie immer mehr der Ausschmückung der Teile. Die Baukunst erblickt das Formproblem nicht mehr in der räumlichen Ausprägung des Baukörpers, sondern in der Ausstattung der Fläche. Allmählich wird die Architektur die Kunst, Flächen wirksam und vielfältig zu beleben: der Stil ist die Gesamtheit der dekorativen Mittel, durch die das neue Ziel erreicht wird. Damit beginnt die Herrschaft der Ornamentik, der angewandten Bildhauerei, die unter einer Hauswand die Umrahmung für skulpturale Möglichkeiten versteht. Daher die Nischen, Statuen, Reliefs, Inschrifttafeln, Konsolen, Voluten, Obelisken, Halbsäulen, Doppelsäulen, Blendbogen, deren sinnlose Verschwendung den Mangel jeder architektonischen Form verschleiern soll. Daher der „Stil", der in der Todgeburt der deutschen Renaissance sein trauriges Ende fand, — um von der Kunstgewerbe-Renaissance des vorigen Jahrhunderts zu schweigen. Jetzt ist Stil haben eins mit dem instinktiven Verzicht auf den architektonischen Gestaltungsvorgang überhaupt. Stilisiert bauen heißt die dekorativen Bestandteile aller vorhandenen Bauepochen an die Wände pappen. Die eigentliche Bedeutung der Frage nach der Form des Hauses kann jetzt gar nicht mehr begriffen werden, gesetzt den Fall, man hätte sie gestellt. Denn die Form scheint eben die geschmückte Fläche, die verzierte Fassade zu sein, nicht das optische Sinnbild konstruktiver Vorgänge. Dieser von der Raumplastik des Hausbaus losgelöste Stilbegriff vernichtet den Wert und den Sinn des architektonischen Bildens. Wo Stil als Dekoration der Fläche verstanden wird, darf man, streng genommen, nicht mehr von Häuserbau sprechen. Was eine derartige Architektur erstellt sind bestenfalls Wohnungen mit Fassaden davor, aber keine dreidimensionalen Raumkörper, keine Häuser. (Wer dem beistimmt, begreift nicht, warum beispielsweise das Heidelberger Schloß zur großen Architektur gerechnet wird. Es besitzt alle Merkmale des äußersten Verderbs.)

Daß man sich endlich von diesem „Stil" mit einiger Beschämung abwandte, ist begreiflicher als der Umstand, daß man für Jahrzehnte den wahren Stilbegriff verloren hatte. Die Gegenbewegung setzte ein, als man wenigstens gewisse Arten des Hauses in ihren konstruktiven Grundlagen zu erneuern unternahm. Aber jetzt tritt eine andere Fährlichkeit auf, die den artistischen Wert des Hauses ebenso bedroht wie vormals die mißverstandene Stilisierung. Zum Teile dem Einflusse des englischen cottage nachgebend, errichtet man Häuser, deren räumliche Entwicklung vom Grundrisse aus bestimmt wird. In der Erkenntnis, daß der Grundriß für Wohnlichkeit und Zweckbestimmung des Hauses entscheidend ist, schuf man die bequeme Heimstätte des gegenwärtigen Einfamilienhauses. Aber diese in ihrer räumlichen Abgrenzung ausschließlich vom Grundrisse abhängigen Errichtungen vermochten unmöglich zugleich den Forderungen der Anschauung gerecht zu werden. Zwar wurde das Haus jetzt wieder Körper, und insofern schien es die Form im architektonischen Sinne wieder zurückzuerhalten. Aber sein Körper war nicht plastisch wie eine Statue durch gleiche allseitige Durchbildung seiner Raumteile entstanden, sondern durch die Erstreckung der Grundrißflächen in die Höhe. Der Grundriß war nicht nur Primat der zweckmäßigen Struktur, der Raumteilung und Verbindung, sondern auch Primat des äußeren Raumbildes. Die Fläche war das Frühere des Körpers, nicht der Körper das Frühere der Fläche. Aber das richtige Haus ist nicht ein Körper, der nach und nach von der Ebene des Grundrisses aus in die Höhe wächst, vielmehr eine anschaulich gemachte Struktur, die vom Körper her die Fläche bestimmt. Niemals sollten die Flächen der Schnitte zum Entstehungsgrunde des Körpers werden. Nur der Körper, der als intuitiv vorgestellte Raumeinheit, als eine Durchdringung von Grundriß und Aufriß kubisch unteilbar dasteht, ohne daß einer von ihnen den andern erzeugt, ist ein architektonisches Kunstwerk. In der Renaissance verdarb und faulte schließlich die segensreiche Bautradition der Antike, weil immer häufiger von außen nach innen, von der Fläche in die Tiefe gebaut wurde. Die Grundrißarchitektur der Jetztzeit baut hingegen von innen nach außen, das „Innen" in dem einschränkenden Sinne der Bodenflächenaufteilung verstanden. Auch hier beherrscht also zu guter Letzt die Fläche den Körper. Freilich nicht die Fläche der Außenwände, des Aufrisses, wie so häufig in der späteren Wiedergeburt, sondern das flächenhafte Schema des Grundrisses. Das ist natürlich konstruktiver gedacht, weil der Grundriß den gesamten Bau als Möglichkeit in sich einschließt, was bei der Wand nicht zutrifft. Aber da der Körper doch erst aus der Ebene entsteht, und nur eine Möglichkeit ist, die zur Wirklichkeit nachträglich entwickelt werden muß, der es infolgedessen an plastischer Notwendigkeit gebricht, bleibt auch dieses Verfahren, wie seine Ergebnisse, ein artistisch mangelhafter Notbehelf.

Die tückische Schwierigkeit, den Hausbau als eine künstlerische Hervorbringung zu betreiben, ist jetzt sehr gut zu ermessen. Diese Tätigkeit stellt der anschaulichen Kraft, der vis plastica des menschlichen Raumsinnes, die höchste Aufgabe. Ein räumlicher Zusammenhang soll vorgestellt werden in ebenmäßiger Ausgestaltung aller Erstreckungen, ein Körper, für den nicht Grundriß und nicht Aufriß den Bestimmungsgrund seiner äußeren Erscheinung abgeben, sondern der die vollendete Durchdringung von Grund- und Aufriß bedeutet. Ein Körper, dessen Begrenzungsflächen von den Gesetzen seiner konstruktiven Verfassung gebildet erscheinen, und der nicht, wie in der Mathematik, aus der Ebene entsteht, sondern der das Prius seiner Ebenen ist. In seinem tiefsten Sinne ist das Haus eine Idee, ein Zielgedanke, der geschichtlich hier und da verwirklicht werden wollte, der aber als solcher seit der Wiedergeburt allmählich aus dem Blickpunkte des Bewußtseins schwand. Es ist kein Formtypus mehr aufgetreten, der den Anspruch erheben dürfte, die Verwirklichung der Idee „Haus" versucht zu haben.

Um ein Gefühl von der großen Aufgabe zu übermitteln, wie sie sich der Baukünstler stellen sollte, möchte ich mich eines Vergleiches aus der Natur bedienen. Ich stelle mir das zur künstlerischen Wirklichkeit gewordene Haus vor wie einen idealen Kristall, dessen Struktur nirgends ein Hemmnis erfahren hat, sich vielmehr in allen Winkeln, Flächen und Kanten klar durchbilden durfte wie es die Ordnung seiner Achsen, sein besonderes kristallographisches System heischt. Was dem Kristall das naturgesetzliche Schema seiner Struktur, das ist dem Hause die konstruktive Verfassung, der statische und stereometrische Leitgedanke seiner Errichtung. Wie die Form des Kristalls die Folge einer Gesetzmäßigkeit ist, die sich in ihr materialisiert, so die Form des Hauses die Erscheinung konstruktiver Verhältnisse, die allerdings nicht wie dort naturgesetzlich starr und unabänderlich sind. Nun gleicht der gegenwärtige Typus des Hauses fast nirgends diesem idealen Kristalle. Eher den Kristallaggregaten, in welchen sich die einzelnen Formen des Systemes beschränken, einengen und mißbilden. Ja wenn die Gesteinslehre eine Anzahl von Stoffen nennt, die nicht nur in einer mineralogischen Form, in einem einzigen Systeme kristallisieren, sondern bald in zweien, wie Schwefel und Kalziumkarbonat, bald in dreien, wie das Oxyd des Titans, bald in vielen Systemen sich ausgestalten, so ist auch dafür die Analogie in der Baukunst nicht fern. Das jetztzeitliche Haus ist nämlich tatsächlich dimorph, trimorph und polymorph. Es sieht so aus, als ob ein und derselbe Baukörper teils von diesem, teils von jenem Raumsysteme widerspruchsvoll bestimmt würde, als ob eine einheitslose Mannigfaltigkeit von Formen sich einander stießen, bekämpften und Abbruch täten. Nichts ist dem erzogenen Auge empfindlicher als diese Gleichgültigkeit der Architektur gegen die Verbindung von räumlich sich ausschließenden Bildungen. Hier durchkreuzen sich Ecken, Kanten,

Winkel, Zwickel, Vorsprünge, Simse, Säulen, Träger, Pfeiler und Bogen ohne jede Rücksicht auf die Anschauung, nur weil das für den Grundriß naheliegend und nützlich ist: als ob die Vorstellung nicht die peinlichste Konsequenz der einmal gewählten Systeme fordere. Dabei übertrifft die menschliche Willkür die Natur beträchtlich. Denn wenn diese auch denselben chemimischen Stoff verschiedenartig kristallisieren läßt, so geschieht das doch niemals am selben mineralogischen Individuum. Der Schwefel gehört in seinem natürlichen Vorkommen zum rhombischen System, der geschmolzene und wieder abgekühlte zum klinorhombischen. Kalziumkarbonat ist rhomboedrisch als Kalzit, rhombisch als Aragonit. Titandioxyd kristallisiert als Rutil quadratisch, als Anatas gleichfalls quadratisch, aber nicht mit dem vorigen isomorph; als Brookit rhombisch. Aber nie ist dasselbe mineralische Exemplar in verschiedenen Systemen ausgestaltet; immer sind es verschiedene, das heißt chemisch gleiche, aber numerisch nicht identische Vertreter derselben stofflichen Verbindung. Dagegen tritt das, was man vergleichungsweise den Polymorphismus des modernen Hauses nennen könnte, an ein und demselben architektonischen Individuum auf. Die einzelnen Raumteile werden entwickelt ohne Beziehung auf die Raumeinheitlichkeit des einmal gewählten Systemes. Jedes Zimmer mit seinem Nutzzweck gilt als ein Raumsystem für sich, dem man getrost eine Loggia, einen Balkon, einen Erker, eine Veranda vorsetzt, ob sie zur räumlichen Erscheinung des ganzen Hauses passen oder nicht. Man achte darauf, welche unmöglichen Flächen sich dabei schneiden, wie gleichsam dissonierende stereometrische Formen, Würfel, Kugelausschnitte, Kegel, Pyramiden, Vielecke neben- und übereinander herausbrechen, sich verkürzen, verstümmeln, verunstalten, hemmen, verderben. Man achte darauf, wie furchtbar mangelhaft die Empfindung dafür entwickelt ist, daß sich gewisse Raumbilder durchaus ausschließen, und wie oft das heutige Vorstadthaus tatsächlich einem Kristalle ähnelt, der alle stereometrischen Ordnungen wahllos auf sich gehäuft hat. Von dem großen Vorrechte der Kunst, die Gesetzmäßigkeit der Materie (die in den Künsten M a t e r i a l wird) strenger und reiner als die Natur auszubilden, wird kein Gebrauch gemacht. Eine Gesetzmäßigkeit, ein Einklang der äußeren Erscheinung, der plastischen Totalität ist nirgends bemerklich. Kein Wunder, wenn darum auch heute noch die Vergangenheit in denen emporsteigt, die ein inneres Gesicht („εῖδος") des idealen Kristalles in sich bewahren und nach einer Architektur Verlangen tragen, die Kunst, nicht technische Errichtung allein ist. Die Gegenwart besitzt zwar Architekten, aber keine Architektur. Um eine solche zu erhalten, muß sie verstehender den Rhythmus der stolzen Bewegung der Vergangenheit aufnehmen und in ihm weiterschwingen.

Das Haus, sagte ich vorhin gleichnisweise, ist eine Idee. Das will eigentlich heißen: über jede mögliche Verwirklichung hinaus stellt es immer neue und ungeahnte Probleme. Der Raum, das unendliche Stetige mit drei Ausmessungen, das an sich Grenzenlose, läßt sich durch keine Bauform endgültig begrenzen. Die Möglichkeit, einmal d a s Haus, sei es Kirche, Palast, Stadthaus oder Bauernwohnung, zu bauen, scheitert am Paradox der Aufgabe, den unendlichen und stetigen Raum durch einen besonderen Formzusammenhang von Wand, Mauer und Dach ein für allemal zu umfriedigen, ihn gleichsam in die Endlichkeit und Diskontinuität einzufangen. Das H a u s in diesem Sinne ist unmöglich. Arbeiten wir indessen alle daran, damit wieder die Kunst erschaffen werde H ä u s e r zu errichten.

In welch natürlicher Schönheit das florentinische Stadtbild sich in seine Landschaft schmiegt wurde schon eingangs hervorgehoben. Aber fast noch in höherem Maße als sich die architektonische Anlage der Natur anpaßt, ist diese Natur selbst ein Produkt der Kultur. Die Umgebung der Stadt ist ein vom toskanischen Bewohner in kunstvolle Formen verwandeltes Stück Land. Ihr Umkreis zeigt besonders im Süden eine derart planmäßige Veredelung des Bodens wie sie sogar auf unserem alten Kontinente nicht sehr häufig angetroffen wird. Westlich von der Via Senese, an Sant' Hilario vorbei, zweigt eine Straße ab, die zwischen Mauern hinzieht. Was an den Wegen liegt, die zu dieser Straße hinführen, halte ich für das Kostbarste was der italienische Boden hier zu bieten hat. Einer der Wege streckt sich nach Süden, Galluzzo und der Certosa zu, und läuft meist zwischen den Mauern, die die Grundstücke und Gärten rechts und links umhegen. Die Mauern sind grau beworfen und mit geometrischen Ornamenten verziert: allerlei Liniensysteme, gebrochen, geradlinig oder in Wellen, sind in wechselnden Mustern von oben nach unten in den Bewurf geritzt. Wie das bewerkstelligt wird weiß ich nicht. Es sieht manchmal aus wie die primitiven Zeichnungen auf Geräten der Naturvölker. Über die Mauern ragen Zypressen, Oliven und manchmal ein Feigenbaum. Schwerer, uralter Efeu wächst von innen über den Rand, Efeu, der schon so weit verholzt ist, daß er als Baum gelten kann. Die

Blätter verändern ja dann ihre bekannte Form und werden an alten Stämmen breit und lanzettförmig. Über lange Strecken hin wachsen statt des Efeus dunkelrote, weiße und rosa Rosen. In dichten Hecken kriechen sie über die Ränder der Mauerwände, fallen in breiten Wülsten über diese herab und beladen sie wie ein tief herunterhängendes Dach. Man kümmert sich wenig oder nicht um diese Rosen, sie gedeihen ungepflegt und wild. Sie beschenken die grautonigen Flächen mit einem Schmuck von dem erlesen sparsamen Farbreize alter japanischer Holzschnitte. Graue Straßen, graue Wände, rosa Rosen, silbrig-grüne Oliven und ein zartgeflockter Maienhimmel, dunkelgrüne Zypressen, Efeu und bronzene Steineichen, — über dem Mauerrande ein Stück Toskana, ein Stück Florenz. Die Akazien blühen und durchduften die Landschaft. Eine der Mauern öffnet sich, und ein geschmiedetes Tor gewährt einen langen Durchblick auf einen Zypressengang. Sein gesandelter Boden ist schwach orangefarben und wird von lila Schwertlilien eingefaßt, die sich an die Stämme der Zypressen drängen. Diese Allee endigt in eine Treppe die von Rebbogen überspannt ist; die Straße aber zieht auf und ab, an einem alten Palazzo vorbei, aus dessen Dachviereck ein Turm ragt. Die Mauern rücken auseinander und lassen immer mehr vom Gartenlande Toskanas sichtbar werden. An tiefgegabelten Baumstrünken ist der Wein gezogen, nicht an geraden Stecken wie bei uns. Der Rebstock ist hier kein artiges Schlingpflänzchen, er treibt vielmehr knorrige, dicke und vielgekrümmte Stämme. Wie im Reigen winden die Reben ihre Zweige von Baumstrunk zu Baumstrunk, als sollten sie den Garten auf ein fröhliches Fest vorbereiten, das heute noch gefeiert wird, heute noch ... Unter diesen Gewinden, Oliven und Feigenbäumen wogt Weizen, Hafer oder Mais. Streng und geradläufig sind die Felder gefurcht. In schmalen Abständen ziehen diese Furchen dahin, die vermutlich der Bewässerung dienen und deshalb auch noch während der Saatreife sichtbar bleiben, wodurch Flächen und Plane formal sehr belebt erscheinen. Die Vereinigung von Feld- und Gartenbau, die Bepflanzung desselben Stückes Land mit Getreide, Wein, Oliven und Feigen weckt die Vorstellung strotzender Fülle.

Gärten und Feldgelände wechseln ab mit Villen und Gutsgebäuden. Hinter breiten Eisentoren steigen runde Freitreppen zu weiten Rampen an, die von marmornen Wappenlöwen bewacht sind. An den Mauerwänden glänzt roter Mohn. Die Natur prangt satt und gestillt und doch in Frühlingsfrische. Weiter und weiter streckt sich das Land aus. Es sind nicht mehr schmale Pässe, durch die man neugierig in die Ferne späht. Schon dehnt sich im Westen in drei- und vierfacher Schichtung der Apennin, blau oder hellgrün, je nach Gestein und Bewaldung, unabsehbar, und von dunklen Schlünden wie von tiefen Narben überquert.

Die Linien und Formen dieser Landschaft findet man auf den Fresken Gozzolis: die Hügel, auf deren Rücken ein Schloß, eine Burg, ein Kloster, ein Kastell, ein Dorf liegen, dazwischen ein Streifen flachen Landes, ein Wasserlauf, eine Steinbrücke, Zypressen mit sehr hohen und schmächtigen Stämmen, abwechselnd mit Pinien. Aber den Farbeindruck Toskanas konnte dieser Quattrocentist nicht geben. Diese Skala von Silbergrau, Grau, Rotgrau, Schwarzgrün und Himmelblau wäre der Liebe van Goghs wert gewesen, die dieser Künstler so leidenschaftlich an die Provence verschwendet hat. Nur ein Nordländer, der den Süden anders sieht und anders schätzt wie der Einwohner, könnte diese Beglücktheit und Fröhlichkeit empfinden, die sich hier mitteilt. Nur ein Nordländer vermöchte den Boden gebührend zu verehren, der solcher Veredlung fähig ist. Ich weiß nicht ob und in welchem Sinne ein Rückschluß von der Kultur dieses Bodens auf die Beschaffenheit des toskanischen Bauern erlaubt ist. Ein Urteil über den Bewohner des Landes steht dem Reisenden, der ein Volk höchstens beobachten, nie aber erkennen kann, natürlich nicht zu. Aber Stendhal, der Italien in langen Aufenthalten nicht wie ein Reisender sondern wie ein Einwohner kennen lernen durfte, sagt darüber: „Les paysans de la Toscane forment, je le crois sans peine, la population la plus singulière et la plus spirituelle de toute Italie. Ce sont peut-être, dans leur condition, les gens les plus civilisés du monde." (Rome, Naples et Florence, S. 215.) Stendhal irrt sich häufig, wenn nicht immer, in seinen Urteilen über die italienischen Kunstwerke, aber nur selten in seinen Urteilen über Menschen und Bewohner der Länder die er besuchte.

Köstlich sind die toskanischen Mondnächte. Im Süden der Villa Romana steht auf einer Terrasse ein Pflanzenhaus, der Stanzone, der einem der Künstler während des Sommers zum Studio dient. Der kleine Platz davor ist regelmäßig angelegt. Sandwege zwischen Blumenbeeten führen zum Eingange des langgestreckten Baus, dessen Mitte ein niederer Giebel krönt. Über dem Giebel schwebt der volle Mond. Zwei runde Büsche, von weißen Blüten behangen, glänzen weiß aus den tiefen Schatten hervor. Inmitten der Rampe ist ein rundes Becken in den Boden eingelassen und ein kleiner Springbrunnen plätschert in den Kreis der Schale, die ein weißes Korbgitter umfriedigt. Rings beschatten Lorbeer, Zitronen, Lebensbäume und Pinien die hellgefleckten Rasenflächen. Ein Bewohner der Villa, der schon geschlafen hat, erscheint im zweiten

Stock am Fenster, vom Geplätscher der kleinen Wasserkunst, die für gewöhnlich abgestellt ist, aufgeweckt. Aus den Baumschatten tritt eine der Gefährtinnen ans Brunnengeländer, und im weißen Kleide mit weißen Straußfedern auf dem Hute gleicht sie einer Dame aus dem Rokoko. Die Türe der Villa steht offen und man blickt durch den dunklen Gang ins hohe Treppenhaus, von dessen Decke eine Laterne ihren spärlichen Lichtkreis herabstreut. Der Springquell rieselt weiter und sprüht den Bogen seiner gläsernen Tropfen aufwärts in die Mondstrahlen. Eine Stimme fällt gelinde ein in die Melodie dieser Nacht, und anschwellend dringen Worte und Klänge her: „Deh vieni, non tardar, o gioia bella." Es ist, als sei das Ich ein übervoll geschenkter Becher, dessen Inhalt über die Ränder schäumt. Die Natur strömt selig ins Ich hinein, das Ich drängt in die Natur hinaus. Wie durch die Poren der Zellen sich Äußeres und Inneres osmotisch ausgleichen, mischen sich hier Ich und Nicht-Ich in wunderbarer Schwärmerei.

Neben dem Italien, in dem der Fremde sich jeden Fußbreit mit harter Anspannung aller intellektualen und sinnlichen Kräfte kritisch erobern muß, gibt es also noch ein anderes, das so viele suchen und niemals finden. Denn es scheint sich nur Reisenden zu erschließen, die nicht von den Träumereien der deutschen Romantik erfaßt und angesteckt sind. Ganz unziemlich wäre der Versuch, dieses Land als Eichendorffscher Taugenichts und Herr Einnehmer zu durchlungern, tagsüber den Schlaf der romantischen Faulheit in den Augen und nachts auf den Gassen der Liebsten eine Serenade geigend. Wenn dies auch immer noch würdiger wäre als das stupide Verfahren europäischer und amerikanischer Lümmel unserer lieben Jetztzeit. Niemand darf von Italien zunächst etwas anderes erwarten als eine Aufgabe für den ganzen Menschen, deren Bewältigung eine beinah uneingeschränkte Fähigkeit des Aufnehmens, eine geschulte Sinnlichkeit, einen hurtigen, beweglichen und urteilsfähigen Intellekt, ein nicht ganz geringes Wissen auf vielerlei Gebieten voraussetzt. Wer unter andern Bedingungen die Reise wagt, erwirbt höchstens ein Kaleidoskop von zufälligen Tatsachen, Eindrücken, Urteilen. Nie wird er das Italien gewahren können, das der Inbegriff ist der zahlreichsten Ansätze, Triebe und Impulse zu einer wahrhaften menschlichen Gesittung. Und noch weniger wird er das Italien finden, das der Deutsche der seinen Wilhelm Meister gelesen hat mit Andacht und frommer Erwartung sucht. Denn gerade um dieses zu entdecken bedarf es erzogener Sinne, die der Deutsche sich nur durch geduldige Arbeit aneignet. Die Kenntnis des „exakten" Italiens ist die unerläßliche Voraussetzung für den Genuß des andern. Man muß scharf äugen und hell denken gelernt haben, ehe die festliche und epikureische Stunde erscheint, in der dieses Land, seine Erde, sein Boden geliebt und genossen werden kann.

Brunelleschi beteiligte sich an dem Wettbewerb um die Türen der Taufkirche San Giovanni und unterlag gegen den Entwurf Ghibertis. Vasari erzählt, der Künstler sei mit Donatello freiwillig zurückgetreten, als sich beide von der Unübertrefflichkeit des Ghibertischen Reliefs überzeugt hatten. Wenn man aber bei demselben Schriftsteller liest wie ungünstig Brunelleschi über den Goldschmied, der ihm während des Dombaues nebengeordnet war, dachte, und welch geringe Achtung er vor seinen Fähigkeiten besaß, glaubt man an diesen freiwilligen Verzicht ungern. Er paßt wenig zu Brunelleschis leidenschaftlichem Wesen und zu seiner cäsarischen Begierde, der erste zu sein. Und am wenigsten paßt er zu dem wahrheitsgemäßen Verhältnis der Preisarbeiten zueinander. Zum Glück ist Brunelleschis Entwurf heute noch erhalten. Im Bargello hängt sein Relief neben der Arbeit Ghibertis, und man kann bequem beide Werke vergleichen. Ghiberti hat den Ruhm der Jahrhunderte und die Entscheidung der florentinischen Baukommission für sich. Seine Türen gehören zu den unfraglichen Sachen, über die die kunstgeschichtliche Kritik ihre Akten geschlossen hat. Sie sind die Paradiesespforten, wie Buonarroti gesagt hat, — gültige Meisterwerke ohne Tadel. Man kommt in dem Glauben nach Florenz, daß daran nicht zu mäkeln sein werde. Von einem B i l d h a u e r mit Namen Brunelleschi erfährt man ohnehin niemals etwas. Und wer wollte zuletzt an einem so entschiedenen Lobe Michelangelos rütteln?

Die beiden Reliefs sind ungemein lehrreich. Das eine ist die Arbeit eines Plastikers von echt bildnerischem Temperamente. Das andere ist das Kunststück eines Blenders, eines Virtuosen, im besten Falle eines tüchtigen Kunstgewerblers, Gießers oder Technikers vom Schlage des Prahlers und Rodomonte Cellini. Das eine ist das Kunstwerk seiner Gattung: nämlich ein Relief; das andere die beliebige Ausfüllung einer Fläche mit Zieraten. Als Aufgabe hatte das Preisgericht Abrahams Opfer gewählt. Sieht man zunächst auf das, was dargestellt ist, also auf den stofflichen Vorgang, so zeigt sich folgendes. Brunelleschi hat den Körper des knienden Kindes, das geopfert werden soll, entschlossen in die Mitte gerückt. Abraham steht groß und mächtig bewegt neben ihm, vom plötzlich herabfahrenden Engel eben noch am Gelenk der rechten Hand gepackt und vom Halse des Knaben weggerissen. Der Engel links oben, der Knabe in der Mitte, der Vater etwas zur Seite und die Gestalt eines gebückten Knechtes im rechten Eck unten ergeben einen stark gedrängten Formzusammenhang. Die gewaltige Erregung die im Vorgange liegt, strömt vollkommen in die plastische Bewegtheit der Fläche über. Die linke Reliefseite weist eine Gegenwirkung zu dieser leidenschaftlichen Szene auf. Der Umriß eines grasenden Maultieres oder Esels, eine zweite hockende Gestalt im linken untern Eck und ein Widder links über dem Opferaltar füllen die andere Hälfte. Die Verteilung der Buckeln ist musterhaft. Keine Stelle bleibt leer, alles wird verlebendigt, und zwar genau der Bewegung des Vorganges entsprechend. Die plastisch bedeutendste Formgemeinschaft bringt auch zugleich das wesentliche Moment des Ereignisses zum Ausdruck. Fünf Menschen und zwei Tiere hat Brunelleschi auf den kleinen Raum gedrängt. Man weiß nicht, ob man mehr den Schwung bewundern soll, mit dem die Rhythmen dieser Gruppe auf die Fläche gesetzt sind, oder ob mehr die restlose Erschöpfung des Vorwurfes, seine Übertragung in Form und plastische Bewegtheit, die nichts schuldig bleibt. (Der Künstler bewährt hier, wie beiläufig bemerkt sei, genau dieselben hohen Eigenschaften, die sein Gekreuzigter in der Santa Maria Novella empfinden läßt: eine Holzskulptur die in einem Maße plastischer Ausdruck einer körperlichen Funktion, vereinfachende Reduktion der menschlichen Gestalt ist, daß sie den Zeitgenossen Maillols wahrscheinlich verständlicher sein wird als den Mitbürgern Ghibertis.)

Ghiberti hat die gotische Umrahmung seines Reliefs schräg durchschnitten mit einem Felsgrat. Der räumlich ausgedehnteste und wichtigste Buckel hat also ein ganz zufälliges und rohes Stück Natur vorzustellen, dem jeder bildnerische Formwert mangelt. Nach rechts abgerückt steht Abraham in einer nichtssagend-eleganten Pose und mit sorgfältigem Faltenwurfe drapiert; Isaak kniet in der Art eines antiken Jünglings, der gewohnt ist, seine hübsche Gestalt in den Gymnasien von seinen Liebhabern bewundert zu sehen. Ein Engel fährt von rechts oben herab, oder vielmehr: sein Oberkörper reckt sich in ärgerlicher Verkürzung aus dem Hintergrunde nach vorn, etwa wie ein neugieriger Mensch sich übern Fenstersims herausbeugt um eine Anekdote der Straße genauer zu betrachten. Auf der andern Seite des Felsgrates plaudern zwei Männer miteinander, hinter welchen unbegründeterweise, da der Raum schon ausgefüllt ist, der Schädel eines Esels hervorlugt. Auf dem Felsgipfel lagert der Widder, der indessen von der Struktur der Steinmasse kaum zu unterscheiden ist. Der gesamte Raum fällt also in zwei ganz beziehungslose Hälften auseinander. Rechts geschieht die Opferung, links schwatzen zwei Knechte, die mittlere Fläche wird vom Felsen beansprucht. Der Raum ist nicht durch den sichtbaren Vorgang ausgefüllt und dieser selbst läßt den Betrachter gleichgültig. So bedeutungslos wie der formale Wert des schrägen Felsstückes ist das ganze Relief. Der Schiedsspruch der Florentiner Vierunddreißig gehört zu den beschämendsten und einsichtslosesten der Vergangenheit. Er wird durch die Annanme verständlicher, daß die Auftraggeber ebensowenig wußten, was von einem Relief zu erwarten sei, wie Ghiberti selbst. Vielleicht war dafür der Umstand entscheidend, daß die florentinische Bildhauerei von dem Goldschmiedgewerbe herkam. Man sah ihre Aufgabe darin, einen mannigfaltigen Zierat zu schaffen mit ergötzlichen Szenen und von gelungener Naturnachahmung. Befand sich außerdem ein an sich schöner menschlicher Körper auf dem Relief, so war die Befriedigung allgemein. Offenbar war der Irrtum, der später Goethes Ästhetik der bildenden Künste in Rom beeinflußte, schon hier verbreitet: daß nämlich die Plastik und Malerei vornehmlich „schöne" Menschen darzustellen habe. Schöne Plastik war beiläufig dasselbe wie plastische Darstellung einer schönen Person. Weiter zu gehen wagte höchstens der starke Instinkt einzelner Künstler, aber nicht das allgemeine Urteil, der Geschmack des Zeitalters. So geschah es, daß Brunelleschis Kundgebung höchster bildnerischer Fähigkeiten nicht gewürdigt wurde. Ein technischer Virtuos im Gießen, ein witziger Tausendkünstler à la Benvenuto Cellini durfte siegen über einen, der für seine Aufgabe schlechthin das Höchstmaß an Verständnis und Talent mitbrachte.

Was die Skulptur der Wiedergeburt geworden wäre, falls Brunelleschi die Türen gearbeitet hätte, läßt sich nicht denken. Möglicherweise ist er der einzige gewesen, der sie vor dem Geschick bewahren konnte, dem die Ghiberti, Donatello und Michelangelo früher oder später verfallen sind. Ja. Ich meine damit den Naturalismus und ich will versuchen, diese für manchen törichte, für manchen frevelhafte Behauptung zu begründen, — nicht zu beweisen, da es für solche Untersuchungen keine beweisende Methoden gibt.

Man hat beobachtet, daß die Phasen der Kunst einen gewissen regelmäßigen Verlauf nehmen, mag es sich um die Entwicklungsgeschichte der Griechen, der Japaner, der Etrusker, der Renaissance-Italiener, der Deutschen oder Franzosen handeln. Jede Blüte der sogenannten imitativen Künste setzt ein mit archaischen Versuchen, die in mühsamer Arbeit die Herrschaft über den Gegenstand, über die Natur zu erlangen streben. Später scheint dann die Natur „erobert", die Kunst hat nach und nach ein solches Verhältnis zu ihr gewonnen, daß sie dem urteilenden Zeitgeschmacke als treue Nachahmung der Natur gilt. Während das archaische Kunstwerk stark stilisiert erscheint, schwindet in der zweiten Epoche die gleichsam unendliche Entfernung zwischen Natur und Kunst, beide nähern sich an, ähneln sich bis zur Illusion der Naturwirklichkeit im artistischen Produkt. Jetzt ist der Augenblick da, wo die Kunst sich über die Natur emporschwingen kann, was man mit dem (später kritisch zu prüfenden) Begriffe des Idealisierens ausdrücken wollte. Die vollendet nachgeahmte Natur gilt nicht mehr als letzter Zweck des Bildens, sondern eine naturähnliche Form die zugleich Ausdruck der Idee ist. Wird dieser Gipfel erstiegen, so verfällt die Kunst entweder dem Akademismus, das heißt der sorgfältig gepflegten Überlieferung der idealisierenden Darstellungsmittel, die einige schöpferische Geister angewandt haben. Oder sie wird barock und dekorativ.

Das florentinische Quattrocento setzt seine Kräfte

ein für die zweite Phase, für die Eroberung der Natur. Es findet und erfindet die Darstellungsmöglichkeiten, durch die man den Gegenständen näher rückt; es gewinnt Schritt für Schritt an Natürlichkeit, Leben, Form, Raum, Farbe. Der unerfahrene Laie kann die Fortschritte von den Trecentisten zu den Künstlern der Hochrenaissance, von Cimabue zu Giotto, von Giotto zu Masaccio, von Masaccio zu Leonardo mit Händen greifen. Freilich verläuft die Linie dieser Entwicklung keineswegs so einfach und ungebrochen wie der Begriff „Eroberung der Natur" vermuten läßt. Die Natur ist ein Unendliches; was der Künstler sich von ihr aneignen kann, ist immer nur sehr Weniges. Und selbst das bißchen von ihr, was menschliche Hände mit Stift, Nadel, Pinsel oder Meißel in ihre Werke herübernehmen können, wird noch vermindert durch eine Forderung, die nicht überhört werden darf, ohne daß man die Kunst als solche verneint. Es ist die Forderung, sich von der Natur freiwillig nur das aneignen zu wollen, was den artistischen Mitteln der einzelnen Künste genau entspricht. An einer andern Stelle wurde versucht, dieses Gesetz etwas deutlicher zu bestimmen („Über das Verhältnis der bildenden Künste zur Natur", Logos, I. Jahrgang, 1. Heft). Hier sei es nur so weit berücksichtigt, als das die Beurteilung der florentinischen Wiedergeburt notwendig macht.

Vergleicht man etwa Ghibertis zweite Tür, die seit ihrer Fertigstellung für die schönere gilt, mit dem Portale des Andrea Pisano an der Südseite des Battistero San Giovanni, so übertreffen die späteren Reliefs die früheren an Verwegenheit, äußerlichem Reichtum, technischer Feinheit, Beweglichkeit und Mannigfaltigkeit bei weitem. Wo Pisano eine Gestalt abstrakt in den Raum bringt, wo er höchstens vier bis fünf Figuren byzantinisch starr und gebunden nebeneinander setzt oder stellt, da streut Ghiberti Menschen, Felsen, Bäume, Tiere, Hallen, Säulen, Paläste, Kirchen, Plätze freigebig über seine Erzfelder aus. Alles wird aufgeboten, was eine theatralische Einbildungskraft bei den alttestamentarischen Legenden, Bildern und Ereignissen sich vorstellen mag. Vor keiner technischen und skulpturalen Schwierigkeit schreckt dieser fixe Erzgießer zurück. Ob menschliche Gestalten oder Wasser oder Bäume oder Engelscharen in den Wolken: das gilt gleichviel, das hat er alles seinen Ausdrucksmitteln unterjocht. Er kann es formen und dann gießen und damit genug. In dieser Hinsicht müßte Lorenzo Ghiberti für einen der großen Bildner gelten, die sich die Natur soweit angeeignet haben als es ihre eigenen Kunstmittel gestatten, — und noch etwas darüber hinaus. Wie peinlich unbeholfen erscheint die Türe Pisanos daneben, wie bescheiden, ja armselig sieht das aus. Da sitzt etwa eine einsame weibliche Gestalt, ein einziges Menschenwesen auf einem ganzen Relief. Sie ist in sparsamster Verteilung der Buckel aufgebaut, zwei Knie, Brüste, Hände und Kopf bilden vielleicht die bestimmenden Erhöhungen. Zwischen ihnen verlaufen die flacheren Linien der Gewandung und des Körpers. Nichts Bemerkenswertes sonst. Diese wenigen Buckeln sind allerdings außerordentlich schön und sorgfältig verteilt. Das Auge ist genötigt, von einem zum andern zu laufen und die Figur aus ihnen entstehen zu lassen. Die Gestalt ist noch archaisch strenge, aber sie gibt ohne Rest, was ein Relief geben kann: eine durch Erhöhungen und Buckeln vermittelte, auf eine Fläche bezogene Anschauung körperlicher Form. Hat man das erkannt, so stellen sich zahlreiche und sehr erlesene Schönheiten an der Tür Pisanos von selbst ein.

Minder erfreulich wird indessen die wiederholte Prüfung der Türen Ghibertis ausfallen. Man beobachtet dort auf den Vordergründen Figuren in fast durchgebildeter Rundplastik, wogegen die Gestalten nach hinten zu flacher und kleiner werden. Gut. Ghiberti hat demnach die Natur so sehr erobert, daß er die auffälligsten Tatsachen der Perspektive nicht länger entbehren zu dürfen glaubt. Körper im Raume erscheinen größer und tiefer, wenn sie sich dem Betrachter nähern, sie werden flacher und kleiner, wenn sie sich von ihm entfernen. Man weiß das und findet Bilder komisch, die noch keine Perspektive besitzen. Um welche Illusion des wirklichen Raumes bereichert man jetzt ein Relief, das derart die optischen Gesetze zur Darstellung bringt. Wie vertiefen sich die Räume nach hinten, die Säle und Landschaften, die Hallen und Kirchen, in denen sich die Szenen Ghibertis abspielen. Ein später auch von Malern gerne ausgenütztes Mittel den Eindruck der Tiefe zu erreichen, gibt sich jetzt wie von selbst: man zeigt Überschneidungen und Fernblicke der Architektur, Gewölbe, die sich nach hinten verjüngen, Arkaden und Tonnen. Ghiberti beherrscht sonach die Natur, weil er ihren Raum und ihre Perspektive nachahmt. Bei Pisano ist der Raum noch ganz abstrakt, er fällt mit der Ebene des Reliefs zusammen. Hier dagegen beginnt der Raum plötzlich zu leben und zu sprechen als formaler Bestandteil des Ganzen — worüber noch vieles zu sagen wäre.

Ein Bedenken ist aber nicht zu unterdrücken. Vorhin schien das Relief die skulpturale Gattung zu sein, die durch die räumliche Beziehung erhöhter Buckeln zu einer gemeinsamen Fläche wirkt. Etwas anderes kann das Relief nach Entstehung und Beschaffenheit kaum sein. Es löst die Figur vom wirklichen Raume und seiner Tiefe ab, um sie als Erhebung aus der Fläche darzustellen. Diese Auffassung wird von der griechischen Reliefplastik bestätigt wie von der Türe Andrea Pisanos, von der Türe Donatellos an der alten Sakristei San Lorenzo und von der Türe Luca della Robbias zur Domsakristei. Ghiberti dagegen, der die perspektivischen Eigenschaften des Wirklichkeitsraumes kritiklos aufs Relief überträgt, ahmt freilich die Natur nach, — aber er verkennt zugleich die grundlegende Forderung seiner gewählten artistischen Gattung, des Reliefs, in einem schwer begreiflichen Maße. Sich einer Kunstart bedienend, deren Bedeutung in der Abstraktion vom Wirklichkeitsraume und seiner Tiefe besteht, gibt er sich gleichzeitig die größte Mühe, die Tiefe durch perspektivische Künsteleien wieder einzuschmuggeln. Das Relief will ein Raumbild von Körpern gewinnen, die sich auf einer Ebene bewegen, aus ihr hervorwachsen und in sie zurückgehen, sicherlich aber erst in Gemeinschaft mit ihr eine plastische Vorstellung bewirken. Mit angestrengtem Aufwande stellt Ghiberti hingegen die Illusion der wirklichen Raumtiefe nachträglich wieder her, nachdem er sich eben erst zu einer Darstellungsart verpflichtete, die sich von jener zu befreien beabsichtigt.

Man wird freilich im Zweifel darüber sein dürfen, welches die Fläche sei auf die die kubische Form der Reliefkörper optisch bezogen werden soll. Hildebrand vertritt nämlich in seiner Theorie des Reliefs die Auffassung, daß das Relief mit einer zwischen zwei parallele Ebenen gepreßten Tiefenschicht zu vergleichen sei. Die erste und vordere dieser Ebenen werde durch die Höhen der äußersten Buckel räumlich bestimmt; das heißt, sie sei der geometrische Ort der weitesten Abstände vom Reliefgrunde, der dann als die zweite notwendige Ebene zu erachten wäre. Jedes Relief müsse eine Mehrzahl von Höhenpunkten haben, durch die eine Ebene zu legen sei: und diese Ebene ist die sogenannte Hauptfläche, von der die Tiefenwahrnehmung ausgeht.

Nicht der Reliefgrund bildet die Hauptfläche, sondern eine durch die höchsten Abstände von ihm gelegte parallele Berührungsebene. Denn, meint Hildebrand, das Relief müsse von vorn nach hinten abgelesen werden und die Figuren dürften beileibe nicht aussehen, als ob sie auf den Reliefgrund aufgesetzt seien. Die Gestalt wachse nicht aus ihm heraus, sondern verliere sich in ihm, trete zu ihm zurück.

Bestände diese Theorie zu Recht, so gäbe es freilich kein vollkommeneres Relief als das Ghibertis. Wenn es vornehmlich darauf ankommt, die Augen des Betrachters zu einer Tiefenbewegung anzureizen, so ist dazu kein Mittel so geeignet wie der perspektivische Reliefgrund, in den sich die Anschauung verirrt. Aber es ist fraglich, ob diese Meinung Hildebrands halt nicht nur „Meinung" ist. Denn selbst einmal zugegeben, das Relief müsse von vorn nach hinten und nicht in entgegengesetzter Richtung abgelesen werden, so ist durchaus nicht abzusehen, warum dazu eine durch die Höhenpunkte der Figuren gelegte Ebene als Hauptfläche nötig sein soll. Sie bleibt ja als solche immer nur imaginär. Das Auge nimmt sie nicht wahr, sondern es empfindet höchstens den Eindruck, daß eine solche Berührungsfläche der Höhenpunkte geometrisch möglich ist. Daraus ergibt sich das Paradox, daß eine imaginäre Ebene, eine nur „mögliche" Fläche, für die Tiefenwahrnehmung wichtiger und entscheidender sei als die tatsächlich kubische Beschaffenheit der Reliefbuckeln. Das ist eine Auffassung, zu der sich wohl nur der bekennen wird, der sich gerne in dem Zirkel Hildebrands dreht: nämlich die kubische Wirkung auf eine flächenhafte Darstellung zurückzuführen, — anderseits aber die Fläche zu einer kubischen Wirkung zu steigern; um derart vom Kubischen ins Flächenhafte und von ihm ins Kubische zu irren.

Von solchen Einwänden indes abgesehen, scheint Hildebrand den physiologischen Bewegungen des optischen Apparates eine zu große Bedeutung für die artistischen Probleme beizumessen. Es kommt doch schließlich gar nicht darauf an, ob das Relief von vorn nach rückwärts oder in umgekehrter Richtung abgelesen wird. Nicht die Bewegung, die das Auge macht, sondern die Bewegung der Figur auf dem Reliefgrunde gibt für die Anschauung den Ausschlag. Man erinnert sich einer guten Zahl assyrischer, griechischer und Renaissance-Reliefs, bei denen jeder Argwohn einer Tiefenbewegung der Augen ausgeschlossen ist und die trotzdem als Meisterwerke ihrer Gattung wirken. Denn zuletzt handelt es sich doch darum, daß eine Anzahl von Buckeln, Erhabenheiten, Buchten und Schatten das Oberflächenbild einer Gestalt hervorbringen, die sich in der Ebene bewegt und etwa mit andern Gestalten räumlich beisammen ist. Ich kann die Aufgabe des Reliefs nicht darin gipfeln sehen, eine allgemeine Raumvorstellung zu übermitteln, sozusagen eine optisch gereinigte, geklärte, verbesserte Wiederholung unserer natürlichen Raumwahrnehmung, der das „Quälende des Kubischen genommen ist." Nicht an allgemeine Raumbilder denke ich vor einem Relief, sondern an die sehr konkreten Gestalten, die es mir durch eine ausgebuckelte, erhobene und stellenweis körperhafte Fläche darstellt. Ich verstehe nicht, warum erst die zwischen zwei Ebenen gepreßte und gequetschte Gestalt plastisch angenehm sei oder warum sie mißfallen müsse, wenn sie auf der Grundfläche aufgesetzt, aus ihr herausgetrieben erscheint. Vorausgesetzt, daß sich im Relief selbst keine widerstrebenden Neigungen bemerkbar machen, die den Blick bald in diese, bald in umgekehrte Richtung zwingen oder ihn gar zwischen einer kubisch realen und einer imaginären Tiefe hin- und herschicken.

Das Letzte geschieht aber bei Ghiberti. Sein Relief fällt in einen kubisch ziemlich durchgebildeten Vordergrund und in einen abgeflachten Hintergrund, der mit fast zeichnerischen Mitteln eine Tiefe bedeuten soll ohne Tiefe zu haben. Dieses Relief ist also in sehr genauem Wortverstande eine Art Theater. Wie unsere Illusionsbühne den Zuschauer verurteilt, zwischen der körperlichen Erscheinung der Darsteller und dem gemalten Perspektiv des Hintergrundes her- und hinzulaufen um eine wirkliche und eine vorgetäuschte Tiefe in optischen Einklang zu bringen, — so mutet das Relief Ghibertis dem Betrachter die Lösung derselben unmöglichen Aufgabe zu. Diese Dekorationen von Felsen, Gebäuden, Säulenhallen, Gewölben, Treppen, Zelten, Bäumen, Wolken und Wasserläufen sind szenische Hintergründe, auf Illusion berechnet und das kubische Raumbild des Vordergrundes bis zur Vernichtung schädigend. Und leider machte gerade dieses theatralische Bastardrelief in der Renaissance Schule. Spätere Werkstattarbeiten Donatellos wie die Kanzeln in San Lorenzo, Reliefe Antonio Pollajuolos, Benedetto Majanos und sogar des jungen Michelangelo („Madonna an der Treppe") zeigen die Einflüsse Ghibertis auf ihren perspektivisch vertieften Gründen. Wogegen freilich das geläutertste Kunstwerk der florentinischen Reliefplastik, die Cantoria des Luca della Robbia, von solchen Störungen nicht berührt wird.

So kreuzen sich feindlich in Ghibertis Arbeiten das Bestreben, möglichste Naturwirklichkeit im Kunstwerk durch optische Kunstgriffe zu erzielen, und die Notwendigkeit, den Forderungen der gewählten artistischen Gattung zu entsprechen. Was aber in ihm ohne Ausgleich streitet sind Grundrichtungen des Rinascimento überhaupt. Fortwährend liegen sie dort im Kampfe und arbeiten sich entgegen. Sei es, daß sie sich auf verschiedene Personen verteilen, wie auf die Antagonisten Brunelleschi Ghiberti, Donatello Luca della Robbia, Filippino Lippi Masaccio. Oder sei es, daß sie in einer einzigen Person aufeinanderprallen, in der sie eine schmerzhafte Gespanntheit hervorbringen, die sich nur in Ausbrüchen, Erschütterungen und Krämpfen lösen kann. Wie das bei Michelangelo eingetroffen ist.

Es ist schon den zeitgenössischen Biographen Michelangelos aufgefallen, daß der Künstler, den sie für den überragendsten der Wiedergeburt hielten, in seiner Lebensarbeit von einem unheilvollen Fatum verfolgt wurde. Vasari erstaunt sich über die verhältnismäßig geringe Zahl vollendeter Werke, die Buonarroti hinterlassen hat, trotzdem er, was man vielleicht von keinem Menschen mehr sagen darf, alles machen konnte was er hätte machen wollen. Ein unbedingtes Können und doch eine unverhältnismäßige Zahl halb- oder gar nicht fertiger Statuen, unausgeführter Pläne. Vasari spricht von der tiefen Unzufriedenheit des Künstlers mit sich selbst. Er habe oft mitten in der Arbeit das Werk beiseite geschoben, manches zertrümmert, manches nie mehr mit dem Meißel berührt. Das psychologische Rätsel, das hierbei auffällt, hat aber erst vor kurzem Simmel („Michelangelo", Logos, I. Band, 2. Heft) dem Verständnis angenähert (denn von Henry Thodes Salbaderei über Michelangelo Wagner oder Wagner Michelangelo wird man schweigen dürfen). Simmel sieht den Konflikt des Künstlers zuletzt in einer doppelten metaphysischen Wertsetzung, die an sich unvereinlich und unerfüllbar bleibe. Einerseits suche nämlich Michelangelo einen unbedingten Zustand, ein im Sinne der Religion erlöstes und vollendetes Sein, das schlechthin der peinlichen Not enthoben wäre die diesen Menschen zerreiße: der Not, sich im Gegensatze und im Vergleiche zum Absoluten selbst verwerfen zu müssen. Diese Seinsart, dieser unbedingte Lebenswert ist nun aber weder in der irdischen Existenz noch mit irdischen Mitteln zu verwirklichen. Also auch nicht mit den Mitteln der Kunst und des künstlerischen Schaffens. Vielmehr besteht zwischen der Zwecksetzung des Künstlers und jener absoluten Zwecksetzung ein unendlicher Abstand. Auch die höchste Vollendung im Irdischen und Artistischen reicht niemals an die Aufgabe, die sich Michelangelo selbst gestellt fühlt, deren Erfüllung aber dem Leben ewig transzendent und entlegen bleibt. Wer sich mit den Gedichten des Michelangelo je beschäftigte wird nicht leugnen wollen, daß sie eine ähnliche Deutung wie die Simmelsche herausfordern. Trotzdem scheint mir, als erheische diese eine Ergänzung. Simmels Abhandlung gipfelt in dem Satze, daß auch das vollendete menschliche Schaffen nicht zur Seligkeit führen könne. Das ist richtig, und das Leben jedes bedeutenden Menschen lehrt dasselbe. Aber es fragt sich doch, ob das künstlerische Schaffen Michelangelos als ein denkbar höchst potenziertes aufzufassen ist, oder ob nicht gerade in ihm die Widerstände und Hemmnisse wirksam sind, die dem Menschen ein tragisch unerfülltes Dasein bereiten mußten. Für Simmel ist der Konflikt Michelangelos ein nur menschlicher, ja ein metaphysischer, den die Beschaffenheit des Lebens und der Welt notwendig macht. Dies bis zu einem gewissen Grade zugegeben, ist aber die weitere Frage erlaubt, ob die unaufhörliche und furchtbare Spannung in Michelangelo nicht nebenbei artistisch begründet ist, — nicht etwa in künstlerischer Unzulänglichkeit, von der hier zu sprechen ungereimt wäre, wohl aber in einem Mißverhältnis zwischen seinen bildnerischen Absichten und den immerhin beschränkten Möglichkeiten der Skulptur, der Malerei und ihren darstellenden Mitteln. Und die Frage nach einem solchen Mißverhältnis glaube ich bejahen zu müssen. Um dabei nicht unsere florentinischen Grenzen zu verlassen und übermäßig vom Thema abzuschweifen, beschränke ich mich beim Nachweis auf die plastischen Werke des Künstlers. Wobei betont sei, daß eine Übertragung des sich ergebenden Urteiles weder auf die Malerei noch auf die Architektur Michelangelos ohne weiteres zulässig ist.

Prüfen wir zu diesem Ende Michelangelos „Nacht" in der Neuen Sakristei San Lorenzo, das heute am meisten und innigsten bewunderte Bildwerk der Wiedergeburt, auf seine plastischen Eigenschaften hin. Vergessen wir die Spenden der Begeisterung, die man dieser Statue dargebracht hat und die unseren Augen nichts nützen. Vergessen wir auch, daß man von jedem, der diese Kapelle seit Heine oder Taine betrat, Überwältigung, Andacht und Selbstvergessen geradezu fordert. Geben wir uns Mühe mit einiger Besonnenheit zu s e h e n , nicht zu dichten oder zu träumen, und weder an die Geschicke der Welt, an die Gliederpracht eines schönen Weibes, an die Tragödien des Lebens, noch an Dante oder Herakleitos zu denken. Hier ist eine Plastik, ein Raumgebilde, das zunächst fürs Auge und kein anderes Organ da ist. Da die Statue nur von einer Seite aus zu überblicken ist, wird das Auge verhältnismäßig schnell mit ihr fertig. Es ist nicht wie bei einer Plastik Myrons oder Rodins, die man in ihrer Körperhaftigkeit erst nach langem Umkreisen auffaßt, optisch begreift und sich aneignet.

Was rasch zu Bewußtsein kommt, ist der erzwungene Zusammenhang der Glieder. Ein höchst einfaches, wenn auch dem Körper nicht sehr gemäßes Raumschema bestimmt die Gestalt: nämlich zwei Dreiecke, gebildet aus dem Ober- und Unterschenkel des linken

Beines und aus dem rechten Ober- und Unterarm*). Dieser spitzwinkelig gebeugte Arm liegt auf dem Schenkel des gleichfalls in spitzem Winkel gebogenen und gegen die Erde gestemmten Beines auf. Die Hand des Armes stützt den Kopf der Statue, der im Schlafe nach vorn gesunken ist. Der linke Arm ist gar nicht, das rechte Bein nur teilweise zu sehen; selbst wenn man danach sucht, wird man es kaum gewahr. Der Rumpf des mächtigen Weibes, halb hockend, halb liegend, weist parallele Reihen starker Wülste am Leibe auf. Die Brüste hängen herab wie reife Weintrauben am Stock und fallen schwer nach links und rechts. Die Statue, die übrigens Vasari zu den unvollendeten zählt, ist glänzend geglättet und ungemein sorgfältig ausgearbeitet im einzelnen. Von einem eigentlichen Raumzusammenhange kann man bei ihr nicht sprechen. Als Hauptansicht wendet sie dem Beschauer Körperformen zu, deren Eindruck lückenhaft und schwer verständlich bleibt. Was mit dem linken Arm geworden vermag weder das Auge zu ergänzen noch der Verstand zu erschließen. Tritt man beiseite, um sich über die Zugehörigkeit des rechten Beines zu vergewissern, so erschrickt man über die Einheitslosigkeit des Körpers. Das lang ausgestreckte Bein will sich von keinem Standorte aus dem Rumpfe angliedern: beide fallen, wohin man sich auch stelle, schlechthin auseinander. Man findet das Urteil, das Delacroix über den Plastiker Michelangelo gefällt hat, leider bestätigt: „Es sieht immer aus, als hätte er einen idealen Kontur gezogen und ihn dann ausgefüllt, wie es der Maler tut. Man möchte sagen, daß sich ihm eine Figur oder Gruppe nur unter einer Ansicht darstellt. Da hätten wir den

---

*) Rechts und links verstehen sich bei Einzelgestalten von der Figur aus, bei Bildern und ganzen Gruppen vom Betrachter aus.

Maler. (Bekanntermaßen wollte Greco gerade vom Maler Michelangelo nicht viel wissen.) Daher, wenn man die Ansicht wechselt, verrenkte Gliedmaßen, unrichtige Flächen, kurz lauter Fehler, die man bei der Antike nicht findet." („Eugène Delacroix, Mein Tagebuch.") Wer von der Plastik die reif entwickelte Anschauung eines körperlichen Formzusammenhanges erwartet, muß hier also schwer enttäuscht werden. Entweder ist er gezwungen seine Ansprüche oder die Statue Michelangelos preiszugeben.

Aber entschließen wir uns einmal zum Verzichte auf alle derartigen Forderungen. Setzen wir den Fall, das Kunstwerk sei ein solch unbedingtes Wesen, daß jede Erwartung, jeder vorgefaßte Begriff von bestimmten Aufgaben vor ihm gegenstandslos würde. Stehen wir davon ab, einen räumlichen Zusammenhang der Gestalt zu suchen, und halten uns an das was ist, ohne dem nachzugreinen was nicht ist. Denn es ist ja unbestreitbar, daß diese Plastik auf Tausende hinreißend wirkt und Tausende erschüttert hat. Da sie dazu kein anderes Mittel besitzt als ihre Form, muß diese notwendig Eigenschaften einschließen, auf welchen die eindringliche Macht der Statue beruht. Und das führt zu dem eigentlichen Probleme der Plastik Michelangelos: welches war seine Form, und welchen Sinn muß man diesem Begriffe unterlegen, damit er hierher passe? Offenbar nimmt der fragliche Begriff bei einem Bildwerke wie die Nacht eine mehrfache Bedeutung an. Form zeigt diese Statue erstens als Ausdrucksmittel für einen vitalen Vorgang. Die Lage des Rumpfes und der Glieder will einen physiologischen und motorischen Zustand vermitteln, also den der Ruhe, des Tiefschlafes, der so gesteigerten Ermattung, daß der Körper selbst die unmöglichste und anstrengendste Stellung nicht mehr zu verändern strebt. Man könnte diese motorisch und physiologisch bedingte Ausdrucksform funktional oder motorisch expressiv nennen, weil die Gestalt hier in ihren plastischen Eigenschaften durchgängig bestimmt wird von ihrer augenblicklichen Funktion, von ihrer körperlichen Bewegungstendenz. Diese funktional expressive Form ist bei Michelangelo jedoch nicht abzutrennen von einer anderen, die keinen körperlichen Vorgang, keine physische Sobeschaffenheit, sondern ein seelisches Ereignis ausdrücken will. Wenn die antike Plastik bis fast in die hellenistische Zeit hinein auf jede Formgebung verzichtet die nicht durchweg funktionaler Ausdruck ist, so sammelt schon der junge Michelangelo seine bildnerische Energie immer angestrengter auf die Darstellung seelischer Bewegtheit. Und zwar so, daß die funktional bestimmte Form der psychisch expressiven untergeordnet wird. Das beweist der unklare und optisch unbefriedigende Zusammenhalt der Nacht. Wen kümmert dies, denkt dieser gewaltsame Geist, wenn nur der Ausdruck einer unaufhebbaren Schwermut, einer tragischen Stimmung in möglichster Deutlichkeit erscheint. Für wichtiger als die räumliche Ordnung des anschaulich gemachten Körpers gilt die unmittelbare Wucht der Gebärde, die Inneres äußerlich macht. Was soll diese Nacht nicht alles mitteilen. Was haben Dichter und Künstler, Philosophen, Gelehrte und Reisende darüber gedacht, empfunden, gefühlt, gedichtet. Wie unendlich und grenzenlos erschien ihnen, was hinter den Lidern des gesenkten Kopfes geträumt wird. Ist doch Michelangelo selber unter die Zahl der Ausleger zu rechnen, die die Nacht poetisch und philosophisch traumgedeutet haben. Er hat, was der Erwähnung sehr wert ist, bei dieser Gelegenheit mit eisernem Griffe das Wort gepackt, das die Vorstellung des Zustandes der Schläferin geben soll. Man erinnert sich des Epigrammes, das die Verse Giovanni Strozzis beantwortet hat und das in seiner (von Grimm richtig hervorgehobenen) Unübersetzlichkeit eine lapidare Schöpfung der Sprachkunst geworden ist: Caro m'è 'l sonno, e più l'esser di sasso, usw. Man weiß außerdem, wie nachhaltig der Begriff der Nacht den Künstler beschäftigt hat. Mindestens in vier Sonetten, im 41., 42., 43. und 44. nach der Ordnung Guastis, war er bemüht, tiefe und sinnreiche Gedanken darüber auszuprägen: der Mensch als Nachterzeugter, die Nacht in ihrer Abhängigkeit vom kleinsten Lichte, vom Lampendocht, vom Glühwurm, der ihre Schatten zur Flucht zwingt, die Nacht, die Leid und Wahn ausströmt, die ihr eigenes Dunkel mehrt, die Tochter der Sonne und der Erde, die eifersüchtig dunkle Witwe. Und dagegen wieder die Nacht, die so viel mehr wie der Tag ist als der Mensch mehr wie Früchte und Blumen, die Friedebringerin und Trösterin, die den Träumenden zum Himmel hebt, des Todes Abbild, der Vorgenuß endgültiger Erlösung und Befreiung. Alle diese Vorstellungen ringen nach Worten und Wortfolgen, in den Gedichten nicht anders wie in der Statue. Nur mit dem Unterschiede, daß das Wort fähig ist die reichen und gedankenhaften Beziehungen bestimmt und unmittelbar darzustellen, die die plastische Form nur höchst mittelbar und unbestimmt ausdrücken kann.

Denn es ist ja nicht zu leugnen, daß die Form als bildnerisches Mittel niemals im selben Grade psychologisch, gedanklich oder überhaupt inhaltlich ausdrucksvoll sein kann wie das rhythmisch und musikalisch gesteigerte Wort. Die Form als die Begrenzung einer Körperoberfläche ist ihrer Natur nach immer erst funktional und motorisch bestimmt und nur mittelbar psychologisch. Rumpf und Glieder in ihrem Verhältnisse zueinander stellen eine vitale Qualität, ein physiologisches So-Sein vor, ehe sie ein seelisches Ereignis vermitteln. Selbst im Falle innerlichen menschlichen Aufruhrs läßt die Form einen Körper unmittelbar nur die physiologische Wirkung eines Affektes erkennen, niemals ihn selbst. Nun kann man sich allerdings auf eine doppelte Weise zu einem Körper verhalten, dessen Form nicht allein motorisch, sondern auch psychisch expressiv erscheint. Man kann entweder seine Aufmerksamkeit darauf lenken, wie der Körper die seelische Erregtheit in psychologische Veränderungen umsetzt, wie die psychische Energie sich sozusagen in physische Energie verwandelt und in dieser Verwandlung kausal auf den Körper, seine Knochen, Muskeln, Sehnen, Drüsen und Organe einwirkt. Oder man überspringt diese Äußerlichwerdung innerer Spannungen möglichst rasch, um sich ins Seelische ganz und ungeteilt zu vertiefen, einzufühlen. Das erstemal ist das Interesse ein plastisches, das andere Mal ein psychologisches, dichterisches oder wissenschaftliches. Da nun die übergroße Mehrzahl der Menschen lieber fühlt oder weiß oder deutet als schaut und betrachtet, macht sie auch vor einer Statue Michelangelos diesen Sprung. Sie verweilt nicht bei der Tatsache der formalen Ausgestaltung, bei dem „Wie" eines funktionellen und erst mittelbar psychischen Aktes, sondern sie sucht sofort hinter dem starren Niederschlage das bewegende Agens, die innere Erregung, das seelische Ereignis als solches. Die meisten verhalten sich zu einem Bildwerke wie zu einer Tänzerin: die plastische Form wird als eine Art Mimik, als eine Gebärdensprache aufgefaßt, die nur soweit Interesse einflößt als sie Beseeltheit, Temperament, Gefühl, Rasse, Geist ausdrückt. Man beschäftigt sich mit der Form um sie abzumachen, hinter sich zu kriegen, man schätzt sie als eine Sache, für die man nicht viel Zeit hat, die aber etwas Besseres verheißt. So ist es erklärlich, daß gerade der Dichter die bildenden Künste manchmal in lächerlicher Weise mißversteht. Man erinnert sich beispielsweise der Urteile über Malerei, die Multatuli im Max Havelaar fällt, (während seiner etwas fackelnden Gespräche mit Verbrugge und Duclari zu Rangkas Betung). Und es war ein Dichter, der über die Nacht die Sätze schrieb: „In diesen Marmor ist das ganze Traumreich gebannt mit allen seinen stillen Seligkeiten, eine zärtliche Ruhe wohnt in diesen schönen Gliedern, ein besänftigendes Mondlicht scheint durch ihre Adern zu rinnen ... O, wie gerne möchte ich schlafen des ewigen Schlafes in den Armen dieser Nacht."

Michelangelo, der selbst ein Werk über „alle Arten menschlicher Bewegungen" schreiben wollte, hat das Seinige getan, um den Betrachter zu dieser phantastisch unplastischen Bewertung zu veranlassen. Indem er die Form als Ausdrucksmittel seelischer Ereignisse der Form als funktional bestimmter Raumerfüllung überordnet, liefert er die Plastik den Ekstasen des Tanzes, der ergreifenden Pantomime aus, wobei das Instrument der Mitteilung zwar ebenfalls die Gestalt ist, aber nicht die Gestalt als abgewogene Erscheinung im Raume, die als solche am Ziele ihres artistischen Seins ist. Dem Bildhauer wird die psychische Erregung an sich zur künstlerischen Absicht, wodurch er sein besonderes Gestaltungsmittel zu einer Zufälligkeit herabsetzt. Ich sage zur Zufälligkeit, weil diese Absicht durch andere Kunstmittel ungleich vollkommener verwirklicht werden könnte. Wo aber das Darstellungsmittel zufällig wird, steht die Kunst vor ihrem Verfall.

Vermutlich gründet sich darauf Michelangelos Verhältnis zum Barock. Die Skulptur muß barock werden, wo die Form vorwiegend ihren psychisch expressiven Möglichkeiten nach anerkannt wird. Die Mißachtung körperlicher Maßverhältnisse, die Gleichgültigkeit gegen die eigentlich plastische Raumvorstellung, die übertriebene Entwicklung, Ausdehnung, Verkürzung gewisser Teilformen zuungunsten anderer, das Beseelenwollen um jeden Preis, die Herrschaft der Gebärde, der mimischen Bewegung: das sind die klaren Folgen dieser neuen Akzentuierung. Nicht als ob die Plastik davor zurückscheuen müßte, in körperlicher Ausbreitung die Spannungen erregter Seelenzustände zu veranschaulichen. Aber es muß die vornehmste bildnerische Absicht sein und bleiben, die „Seele" in ihren physiologischen Wirkungen auf Gerüst und Organe der Gestalt äußerlich zu machen und sie gleichsam in einem klaren und reifen Raumbilde niederzuschlagen.

Schon eine Statue wie der David zeigt unverkennbar, daß Michelangelo sich von Anfang an im Kampfe befindet zwischen funktionaler und psychischer Expression, die zu keinem beruhigenden Ausgleiche gelangen. Ihrer statischen Anlage nach ist diese Gestalt in kalter Ruhe. Die Körperhaltung ist lässig und keiner andern Anstrengung unterworfen als der des Stehenmüssens. Muskeln und Sehnen sind abgespannt, die Glieder nicht gebeugt oder ausgereckt. Keine Fiber des Rumpfes, keine Beschleunigung des Schrittes, keine Lebhaftigkeit der Gebärde verrät den inneren Tumult, den dann ganz unvermutet Hände und Kopf ausdrücken wollen. Dieser sehr große, auch im Umfang vielleicht nicht ganz verhältnismäßige Kopf, dessen Stirn- und Lippenmuskeln fest zusammengepreßt werden, paßt in keiner Weise zum übrigen. Der funktional unbeteiligte, bis zur Gleichgültigkeit träge Körper und das gewaltsame, wetterleuchtende Gesicht stehen in einem unaufgehobenem Widerstreit, der noch bemerkbarer wird durch die übermäßig machtvollen Hände — schöpferische Hände mit angeschwollenen Adern, dicken Gelenken und der formalen Durchbildung, wie sie der

Moses des Juliusgrabes hat, zu dem sie passen. Jedenfalls sind es die Hände eines Mannes und nicht eines Jünglings. Die Statue wird dadurch zur Trägerin eines doppelten Kräftespieles. Das physiologisch statische ist ruhig und gleichgewichtig, das psychische stürmisch aufgeregt. Beide durchdringen sich zu keiner Einheit, beide bleiben für sich und reißen die Gestalt in zwei Formgruppen auseinander: in einen Torso ohne Kopf und Hände, in ein Gesicht ohne Rumpf, Beine und Arme.

Aber dieser funktionale und psychische Formausdruck bezeichnet keineswegs das einzige Gegenspiel der künstlerischen Absichten bei Michelangelo. Der Begriff Form ist noch nicht in seinen Hauptmerkmalen umschrieben, wenn man sich die beiden möglichen Arten der Expression vergegenwärtigt. Die Form ist nicht allein das Mittel, vitale und seelische Vorgänge körperlich zu versinnlichen, sondern sie ist für Michelangelo außerdem das Mittel sich der Natur so weit wie möglich anzunähern. Die dritte und hier wichtigste bildnerische Aufgabe der Form ist eine naturnachahmende.

Es ist ein nächstliegender Schluß der Zeitalter, die in irgendeinem Sinne die Natur erobern wollen, ihre Eroberung durch Nachahmung zu vollziehen. Und zwar durch Nachahmung in einem besonderen Wortverstande. Gibt man sich nämlich Rechenschaft über die sinnliche Wirkung eines Naturgegenstandes, so wird man zu dem Urteile genötigt, daß er deshalb so wirklich, so lebenskräftig und so seiend erscheine, weil er unerschöpflich und unendlich in seinem Detail ist. Die Anschauung überzeugt sich — und die Wissenschaft mit Mikroskop und Ultramikroskop bestätigt es —, daß die Qualitäten eines beliebigen Naturobjektes an Zahl unendlich sind. Dieser Unendlichkeit gerecht zu werden mühen sich alle Wissenschaften ab, die in ihrer einstigen idealischen Vollendung das begriffliche Bild, die „Erkenntnis" des Gegenstandes, zu gewinnen trachten. Eine Erkenntnis sucht aber auch die Kunst zu geben, wenn nicht in Begriffen, so doch in Anschaulichkeiten. Die Malerei möchte Objekte erkennbar machen durch Farbe, Fläche, Linien und flächenhafte Symbole der Tiefe. Die Plastik durch Umriß, Linie, Buckel und räumliche Vertiefung. Was liegt beiden Künsten näher als die Vermutung, der dargestellte Gegenstand werde dem natürlichen um so ähnlicher und ebenbürtiger, als er die Einzelheiten und Feinheiten der Natur wiederzugeben vermöchte? Wirkt die Natur so sinnenfällig und real durch die Möglichkeit, an ihr immer neue Merkmale und Erscheinungsgruppen wahrzunehmen, so mag vielleicht die Kunst in dem Maße natürlich werden, als sie die von ihr hervorgebrachten Vorstellungen differenziert und ins einzelne treibt. Auf dieses Ziel sieht man die Kunst der Quattrocentisten zusteuern. Wir waren Zeugen, wie Ghiberti die Perspektive zu Hilfe ruft um dem Relief Naturwahrheit zu sichern. In der Malerei bemerkt man überall das Bestreben den Raum zeichnerisch zu konstruieren, ähnlich wie es der Architekt bei Aufrissen unter Anwendung geometrischer Projektionen versucht. Und neben den mathematischen Grundlagen der Perspektive wird der Aufbau des Körpers anatomisch und physiologisch zu begreifen und wissenschaftlich zu beherrschen gesucht. Die Kenntnisse Michelangelos auf diesem Gebiete sind berühmt gewesen; wie Leonardo befaßte er sich neben der menschlichen Anatomie besonders mit der des Pferdes.

Was die Künstler dabei erreichten, war zweifellos eine fast unbedingte Freiheit über den Stoff. Die Anschauung konnte sich vom unmittelbaren Eindruck, von der Gegenwart des Naturdinges loslösen. Die Fähigkeit, ein beliebiges Objekt aus dem Gedächtnis zu zeichnen oder zu malen, steigerte sich bei einzelnen Künstlern bis zur unbedingten Meisterschaft. Man sammelte einen reichen Vorrat gedächtnismäßigen Wissens, das jederzeit die Anschauung ergänzte, vervollständigte, ja unter Umständen ersetzte. Künstler wie Leonardo und Michelangelo haben sich dem Ideal angenähert, jede Stellung und Haltung der menschlichen Figur freihändig zu rekonstruieren. Sie kennen die wichtigsten Muskeln und Sehnen genau die motorisch innerviert werden, wenn sich die Glieder beugen oder strecken, anziehen oder abziehen, drehen oder rollen. Sie sind sich klar über die Mechanik der Gelenke, über Ursprung und Ansatz der Muskeln an den Knochen. Sie vermögen jederzeit Rechenschaft abzugeben über den Verlauf einer Bewegung oder Reizung, ob man sie nun nach der Entfernung der Epidermis oder in ihrer Beibehaltung wahrnehme. Mit Ausnahme der hellenistischen Zeit hat man niemehr soviel Wissen besessen, die Anschauung mit Einzelheiten zu bereichern und zu unterstützen. Besieht man den Stich, den Agostino Veneziano nach der „Schlacht bei Cascina" anfertigte, dem berühmten Karton Michelangelos, der im Wettbewerb mit Leonardo ausgeführt und von allen Künstlern der Hochrenaissance studiert und nachgezeichnet wurde, so scheinen die Akte darauf fast zu Vorlagen für ein anatomisches Institut geeignet. (Der Stich ist freilich noch handwerksmäßiger als die gleichfalls berühmten Gravüren des Marcanton.)

Da ist nun die einschneidende Frage aufzuwerfen, ob die zunehmende Beherrschung der Natur im Sinne einer gesteigerten Durchbildung der Einzelheiten die Form künstlerisch bereichert. Mit Recht hat Delacroix, der dieser Frage in den Tagebüchern viel Nachdenken widmete, im Verhältnis des Details zur Gesamtvorstellung das eigentlich Problematische an der Naturnachahmung erblickt. Am Körper der Nacht sind die Nägel der Füße, der Nabel und die Brustwarzen von peinlicher Ausführung, die der Natur so sehr ähnelt als die Oberfläche von geglättetem Marmor einer menschlichen Epidermis jemals ähneln kann. Dieser Naturalismus erhöht indessen den artistischen Wert der Plastik nicht. Er scheint vielmehr den früheren Widersprüchen einen neuen hinzuzufügen.

Alles Wissen nämlich, das sich der Künstler von einem Naturgegenstande aneignen kann, wird nur dadurch nutzbar, daß es die Auswahl erleichtert zwischen dem für ihn mehr oder weniger Zweckmäßigen und Unentbehrlichen. Eine wahllose Häufung von Einzelheiten verbietet sich durch die Beschaffenheit des Darstellungsmittels, das von sich aus die Darstellungsmöglichkeiten begrenzt und einschränkt. So muß der Plastiker grundsätzlich auf die Farbe verzichten, auf die Wiedergabe der verschiedenen Qualitäten des Stoffes, kurz auf alles was nicht in die Form als solche eingeht. Aber außerdem muß er von zahllosen Einzelheiten absehen, die in der Natur zwar als formale Merkmale erscheinen, von der Kunst jedoch nicht als solche übernommen und nachgeahmt werden dürfen. Denn die Form in der plastischen Kunst hat eine andere Aufgabe zu lösen wie die Form der Naturgegenstände. Was damit gemeint ist, möge in einem lakonischen Satze verdeutlicht werden: der Gegenstand der Natur h a t Form, die plastische Gestalt dagegen i s t Form. Was heißt das?

Die bildnerische Tätigkeit geht von dem ursprünglichen Erlebnis aus, daß die Form oder „Form überhaupt" an den natürlichen Objekten wahrgenommen werde. Diese Form ist nichts anderes als die jeweilige

Abgrenzung eines Körpers gegen die Gesamtheit der übrigen. Sie bringt die physikalische Tatsache zum Ausdruck, daß der Raum den jedes Ding einnimmt dicht ist und daß sich an seinem Orte kein anderes Ding befinden kann. Bei den Körpern, die leben, ist die Form nun teils veränderlich, teils unveränderlich. Sie ist unveränderlich im Sinne der wissenschaftlichen Morphologie, als organischer Typus der Lebewesen, der ihre Stellung innerhalb des Naturzusammenhangs und innerhalb der tierischen oder pflanzlichen Stämme, Klassen, Ordnungen, Gattungen, Arten bestimmt. Für jeden morphologischen Typus in der Natur bleibt die formale Abgrenzung konstant: eine Tierart ist und bleibt entweder zweibeinig oder vierbeinig, gegliedert oder ungegliedert, einzellig oder vielzellig, gepanzert, behaart oder nackt usw. Die Form erscheint dagegen veränderlich, wenn man an demselben organischen Typus die möglichen Lagen der Beziehungspunkte zueinander und zur Umgebung berücksichtigt. Gerade diese Veränderlichkeit der Form ist eine unerläßliche Voraussetzung für die Plastik. Wo sie fehlt, wo die Form schlechthin starr und unbeweglich ein für allemal beharrt wie an den anorganischen Gebilden, bleibt sie von der plastischen Verwandlung in ein Kunstwerk ausgeschlossen. Wird sie trotzdem, wie auf den Reliefen Ghibertis, in die Skulptur aufgenommen, so wirkt sie entschieden abstoßend und formlos. Eine Tatsache, für die ich einen Grund nicht auffinden konnte, die mir aber unbestreitbar zu sein scheint.

Die Form als abänderliche Lagebeziehung der Teile wie als befestigter Typus der Gattung ist indessen bei den organischen Wesen nicht ihrer vitalen Essenz, nicht ihrem „Leben" selbst gleichzusetzen. Das Leben bringt zwar in unerschöpflicher Erfindsamkeit die Formen der Organismen hervor, und diese hängen aufs

Genaueste mit den biologischen Ursachen und Wirkungen zusammen. Aber das Leben ist nicht geradezu Form. Denn es vermag sich auch, etwa bei Rhizopoden und Amöbinen, in der nahezu gestaltlosen Materie durchzusetzen, in Geschöpfen ohne Gewebe und ohne Organe, in stets verfließenden und wieder gerinnenden einzelligen Klümpchen. In der organischen Natur ist die Form sonach ein Produkt des Lebens, nicht das Leben selbst, ein Mittel, ein Instrument oder Organ für vitale Ereignisse, aber nicht diese selbst. Dieser scheinbar abseits liegende Umstand ist entscheidend für die Bedeutung der Form in der Kunst.

Hier will nämlich der Bildner einen Gegenstand herstellen, der die Form von den Lebensprozessen ablöst, die ursächlich bestimmend und gestaltgebend für sie waren. Er will nicht mehr organische Wesen, die diese oder jene Form haben und mit ihr beeigenschaftet sind, sondern er will Form allein, Gegenstände, die Form sind und sonst nichts. Das ist eine unendliche Abstraktion. Die Form ist jetzt von dem Zusammenhange losgerissen, in dem sie sonst bestimmt und bedingt wurde: vom Leben und seinem chemischen, elektrischen, mechanischen und psychischen Ablaufe, von der Umwelt, die die Äußerungen des Lebens (und damit die Veränderungen der Form) beeinflußt, sich anpaßt, sie abschwächt oder verstärkt. So des eigentlichen Zweckes beraubt, dem sie in der Natur überall zu dienen hat, wird ihr ein ganz neuer und fremder Zweck untergelegt. Die isolierte und verselbständigte Oberflächenbegrenzung der Dinge ordnet sich jetzt einem besonderen Systeme ein, das nur der Mensch, nicht die Natur zu kennen scheint: sie wird als artistischer Wert gesetzt. Die Form als künstlich künstlerische Abstraktion ist ein Wert, sie unterliegt einem höchst wunderbaren Geistesakt, der in der außermenschlichen Natur nirgends vollzogen wird. Die Wertsetzung der Form bedeutet die radikale Abkehr von der Natur. Die Frage ist nun nicht mehr: inwieweit entspricht die Form, die der Künstler von der Natur ablöst, der Natur, sondern wie vermag er die Form so zu entwickeln, daß sich der Charakter der artistischen Wertsetzung zur reinen Darstellung ausprägt? Jetzt gelangt der metaphysisch dunkle Übergang von der Natur zur Kunst zur Abhebung. Ihn jemals in Begriffen vollkommen deutlich zu machen darf man nicht hoffen. Aber soviel vermag die Erkenntnis vielleicht zu leisten, daß sie den Abstand der Kunst von der Natur immer klarer und stärker empfinden läßt. Wenn wir uns dabei des Begriffes „Wert" bedienen, der problematisch und geschichtlich belastet genug ist, um uns seine Vermeidung nahezulegen, so gehorchen wir damit einer zeitweiligen Notlage. Die gegenwärtige Philosophie hat den Wert dem Sein und der Wirklichkeit entgegengerichtet und damit einen Ausdruck für die äußersten Abstände gefunden, die die Welt unserer Erkenntnis darbietet. Es ist möglich, daß diese Dualität der Begriffe eine vorläufige ist, die durch eine andere einmal später ersetzt wird. Aber eben in ihrer Vorläufigkeit sind beide Begriffe unentbehrlich, um einen unüberwindlichen Gegensatz zwischen unserem eigenen Schaffen und dem Schaffen und Wachsen der Natur anzudeuten. Und besonders ist diese Begriffsdualität dazu geeignet, die starke Spannung zwischen der Natur und der Kunst hervortreten zu lassen. Ist es richtig, daß die Form des Plastikers eine Abstraktion ohnegleichen ist, die der Natur eine Funktion sozusagen entreißt und dann verselbständigt, die eine typenbildende Eigenschaft der Lebewesen von ihren bestimmenden Gesetzen und Kräften trennt, — so kann die Form auf keine andere Weise ihre neue unbedingte

Geltung gewinnen als durch eine selbstherrliche Tathandlung unseres Geistes, die das derart abgelöste und abstraktive Dasein als einen Wert für sich aufstellt. Die plastische Form ist also wertvoll, weil sie durch die Tathandlung des künstlerischen Schaffens vom Naturzusammenhange abgelöst und als allgemeiner Exponent dieses Vorganges herausgestellt werden k a n n. Diese Abstraktion ist eine viel tiefere, als der Künstler selbst ahnt. Er löst die Form durch die bildnerische Tätigkeit nicht nur aus dem Naturganzen heraus, sondern er befreit sie auch von allen Bedingtheiten der Natur. Das Joch der Natur ist die stetige Wechselwirkung ihrer Teile, ihre Mechanik von Ursache und Wirkung. Diese wird plötzlich unterbrochen durch den Künstler, der eine organische Funktion der Natur, die morphologische Abgrenzung der Lebewesen gegen den Raum, aus ihren vitalen Bedingungen und Ursachen schält und ihren Eigenwert behauptet. Jetzt empfängt die Form, die nichts anderes sein will als sie selbst, die Gesetze ihres Seins und Erscheinens nicht mehr von der Natur, sondern von der Gesamtheit der artistischen Funktionen, durch die sie als Wert gesetzt und verwirklicht wird. Der Bildner schiebt also zwischen sich und das naturwirkliche Objekt die Summe der gestaltenden Tätigkeiten, durch die er Schöpfer einer besonderen Reihe von Gegenständen wird, die dem Ich als ästhetisch wertvoll gelten. Nur von dieser Tätigkeit und ihren Ansprüchen aus, die sie an die Beschaffenheit der Hervorbringung stellt, erscheint das Kunstwerk als Kunstwert.

Bei den Versuchen, den Begriff des Wertes philosophisch abzuleiten und ihn von den andern Gegebenheiten im Bewußtsein genauer abzugrenzen, hat man den W i l l e n nicht entbehren können. Die Setzung eines Wertes, sei er wirtschaftlicher, logischer oder sittlicher Art, schien nur erklärlich durch einen menschlichen Willensakt, der eine Rangordnung, eine Stufenleiter der Dinge durch die Beziehung auf ein Willensziel aufstellt. Hier würde nun dieser Wille in einer sehr bemerkenswerten Abart auftreten. Denn wenn es auch allgemein genügt eine Sache zu begehren, um sie beispielsweise wirtschaftlich wertvoll zu machen, so genügt dies Begehren doch noch lange nicht, um einem Objekte ästhetische Bedeutsamkeit zu verleihen. Denn hier wird nicht das Objekt als solches verlangt, gewollt und ersehnt, sondern der Wille äußert sich in dem triebhaften Wunsche, Gegenstände zwar wie die Natur, aber mit durchweg menschlichen Gestaltungsmitteln hervorzubringen. Der Wille, hierin im kantischen Sinne „uninteressiert", zielt nicht auf den Besitz der Objekte, er strebt nicht danach sie wie ein wirtschaftliches Gut zu verzehren, aufzubrauchen, auszunützen. Sondern er richtet sich ausschließlich auf die Hervorbringung naturähnlicher Bilder durch manuelle, optische und psychische Funktionen. Durch die Tatsachen, daß eine Herstellung solcher Gegenstände mittels der artistisch darstellenden Kräfte möglich ist, und daß dieselben Kräfte das neue Objekt in seiner gesamten Beschaffenheit bestimmen, gewinnt dieses künstliche Produkt seinen Wert. Es gilt dem Menschen für wertvoll, mittels der eigenen Tätigkeit Dinge zu erzeugen, die ihre gesamte Organisation von seinem produktiven Vermögen herleiten lassen. Das Kunstwerk ist demnach um eines Doppelgrundes willen ein Wert. Erstens, weil es Wirkung des freien Bildungstriebes ist. Und zweitens, weil die gestaltenden Mittel dieses Willens von sich aus das hervorgebrachte Dasein in ein gesetzmäßiges und notwendiges zu verwandeln trachten. Als bloße Wirksamkeit produktiver Triebkräfte wäre das artistische Tun ein Spiel. Durch die Strenge des Anspruches der Funktion wird es ein Schaffen. Der Wert ist also nicht aus dem menschlichen Willen an sich abzuleiten, sondern aus dem Sinn und Inhalt der artistischen Funktion, in welcher sich der Wille auslebt.

Erst nach der Erschaffung eines Zwischenreiches von Kunstwerken, die das menschliche Ich von den Objekten der Natur isoliert, stuft sich diesem auch die Natur selbst allmählich ab in einen Zusammenhang von ästhetischen Werten. In der Sprache Kants gesprochen, liefert erst die artistische Funktion „die Bedingung der Möglichkeit" einer ästhetischen Naturbedeutung. Nur durch jene abstraktiven Prozesse, durch welche eine artistische Wirklichkeit entstanden ist, lernt man nach und nach die Natur ästhetisch bewerten und die Eigenschaften an ihr schätzen, die die Kunst verselbständigend mit einem Wertakzente versah. Linie, Umriß, Farbe, Form werden jetzt in der Natur als reizvoll geschätzt, weil der Maler, der Plastiker, der Künstler seine Tätigkeit daran gab, diese Werte abstraktiv von ihr abzulösen und im Kunstwerke selbstherrlich herauszustellen. Man lernt die Natur ästhetisch empfinden, weil es eine Kunst gibt. Der artistische Wert wirkt auf die Natur zurück, nachdem die bildnerische Funktion eine Anzahl von sinnlichen Eigenschaften der Wirklichkeit entrissen hat, um sie darstellend ihrer eigenen Gesetzmäßigkeit zu unterwerfen. Gesetzt also, die Form sei der plastische Wert, so ist sie es nicht, weil schon die Wirklichkeit Form besitzt, sondern weil sie als das Produkt der abstraktiven Handlungen des Bildhauers ein durchaus autonomes Dasein erlangt.

Die Tatsache, die dieser Hauptsatz unserer augenblicklichen Betrachtung einschließt, verändert das Verhältnis der plastischen Form zur Naturform und mithin zu dem sinnesempfindlichen Detail derselben durchaus. Während die Natur aufsteigend immer weiter ins einzelne geht, immer mehr dissoziiert, weil sie genetisch mit dem relativ Einfachen, mit der Zelle und ihren biologischen Prozessen beginnt, um bei einem völlig unübersehbaren Mannigfaltigen zu endigen, verfährt der Künstler gleichsam in umgekehrter Richtung. Aus dem Detail muß sich ihm eine Gesamtvorstellung der Form, ein Einfaches und intuitiv Erlebbares ergeben. Wenn ferner die Natur Organe und Gewebe in dem Maße vervielfacht, als es die Komplizierung der Lebensvorgänge erheischt, wenn sie das Detail anhäuft, um dem Leben ihrer Geschöpfe zunehmend Reichtum, Gliederung, Arbeitsteilung, qualitative Steigerung zu sichern, so besteht für den Künstler diese Notwendigkeit, seine Form zu verwickeln, in keinem Sinne. Die Natur häuft an und vervielfacht dem vitalen Werden und seinen Gesetzen gemäß. Die Kunst sieht sich der abgeschlossenen Vervielfältigung gegenüber und muß, da sie die biologischen Absichten der Natur nicht teilen kann, auch folgerichtig auf die Mittel verzichten die zur Verwirklichung dieser Absicht dienen. Die Natur denkt nirgends an ein menschliches Bewußtsein, das ihre Produkte auf ihren formalen Wert hin prüfe und die Form zu einem übersichtlichen, klaren und sinnlichen Ganzen abgerundet finden will, damit dieses sozusagen in dem inneren Rhythmus des Geistes schwingt und sich dessen Eigenbewegungen anpaßt. Dagegen hat die Kunst nichts anderes zu bezwecken als die Erregung einer solchen Rhythmik. Sie hat nicht nur das Recht, sondern die Verpflichtung, alle Formbestandteile der Natur auszuscheiden, die zwar als biologische Teilfunktionen notwendig sind, aber die mit den Mitteln der Kunst herauszuarbeitende Gesamtvorstellung der Form nicht unterstützen, vielmehr beeinträchtigen und stören würden. Von der Natur mag es beispielsweise gelten, daß die Haare auf dem Haupte alle gezählet sind: für die Plastik ist die Behaarung nur da wichtig, wo sie eine formale Bedeutung annimmt, also etwa den Schädel verändert oder das Kinn. Die Form als Wert ist identisch mit der Form als Vereinfachung, als Abstraktion. Und ihre Forderung ist nicht N a c h a h m u n g der natürlichen Details, sondern deren R e d u k t i o n. Eine Reduktion, deren Beschaffenheit an der Vorstellung räumlicher Ganzheit und Einheit zu bemessen ist. Auch wo sich der Künstler von der krausen Mannigfaltigkeit der Natur inspirieren läßt muß er die Natur so anschauen, als sei sie eine seinen darstellenden Absichten angepaßte und durch sie entstandene Vereinfachung.

Von hier aus gewinnt der Bildner ein Prinzip der Auswahl für die Einzelheiten der Naturform. Wir sagten vorhin, das gesamte Wissen eines Künstlers von der Natur sei nur dadurch fruchtbar anzuwenden, daß es ihm eine Menge von Einzelvorstellungen zur Verfügung stellt, aus denen er das ihm Notwendige ausliest. Jetzt erhellt, nach welcher Maxime diese Wahl zu geschehen habe, und was anatomisches und perspektivisches Wissen für die künstlerische Hervorbringung leisten kann. Es liefert nämlich die Voraussetzung für die vereinfachende Tätigkeit des Bildners. Vereinfachung ist nur da wertvoll, wo es eine Summe von Elementen gibt, die zu einer Synthese vereinheitlicht werden können. Soll die artistische Vereinfachung zu keiner Verarmung der Natur, sondern zu einer Bereicherung führen, so muß sie synthetisch sein. Das heißt, sie muß das Ergebnis einer Auswahl und einer Verschweißung vieler Bestandteile sein. Wo sich das Können des Künstlers nicht dieser Läuterung unterzieht, entsteht jene Kunst als „angewandte Wissenschaft", die in unserem Jahrhundert als angewandte physiologische Optik bei gewissen Neoimpressionisten, in der Renaissance als angewandte Anatomie und Geometrie bei Malern und Plastikern zu beobachten war. Aus solch unbeherrschtem Wissen heraus schuf Michelangelo in seiner Jugend den Bacchus, den David, später die Männergestalten der Mediceergräber mit ihren unmäßigen Muskelbergen.

Die synthetische Vereinfachung der Naturgegenstände durch die Kunst liefert endlich einen Formbegriff, der den artistischen Absichten und Tätigkeiten ebensosehr entspricht, als er die Unzulänglichkeit der bisherigen Formbegriffe dartut. Solange die Form als motorische Darstellung oder als psychischer Ausdruck auftritt, ist sie zwar nicht verwerflich, aber auch nicht künstlerisch zureichend. Gerade bei Michelangelo war eine innere Unausgeglichenheit dieser beiden Gestaltungsziele festzustellen. Gesellte sich dazu vollends noch der Naturalismus, so war einem verwirrenden Ergebnis aus unvereinlichen Elementen gar nicht zu entfliehen. (Nicht zufällig wurde in der Renaissance von Orsino und Verrocchio die Wachsfigur mit echten Haaren, Schmuck und Kleidern erfunden.) Es darf deshalb erst eine vierte Begriffsbestimmung der Form als die vorzüglich bildnerische angesprochen werden. Als synthetische Vereinfachung der Oberflächenabgrenzung von Körpern verstanden, läßt die Form den Unterschied von natürlicher Gestalt und bildnerischem Wert hervortreten. Wo die Form als Wert gesetzt wird, gilt es nicht mehr die Natur nachzuahmen, sondern alles „nur" Natürliche abzustoßen, das zwar von biologischen Ursachen, aber nicht von der ursprünglichen Formvorstellung des Künstlers aus begründet erscheint. Wie in der Architektur die Bauform nur ein notwendiges Mindestmaß konstruktiver Bauelemente optisch darstellen durfte, bringt die Form in der Skulptur nur ein Mindestmaß organisch-physiologischer Elemente zur Anschauung. Die Eroberung der Natur durch die Kunst hat keine andere Bedeutung als diese.

Damit sich in die Untersuchung kein Mißverständnis einschleiche, sei bemerkt, daß der Begriff des Naturalismus hier in einem engen und zugestutzten Sinne gebraucht wird. Nämlich durchaus nur zur Bezeichnung der imitativen Absichtlichkeit in den bildenden Künsten. Andere Bedeutungen dieses Wortes werden dabei vernachlässigt und ignoriert. Vor allem seine Übertragung auf stoffliche Eigenschaften, Inhalte und Vorwürfe der Künste. Nirgends wird mit naturalistisch eine bestimmte Gattung von Stoffen bezeichnet, sondern immer nur eine Absicht der Funktion, des artistischen Verfahrens. Auch was man in der Literatur mit Recht oder Unrecht unter Naturalismus versteht, bleibt ganz außer Betracht. Denn da es keine Imitation der Wirklichkeit durchs Wort gibt und geben kann, da der Dichter höchstens die Mundart der Leute, nicht aber Dinge oder Menschen selbst nachzuahmen versucht sein könnte, so wäre hier die mögliche Bedeutung dieses Begriffes erst auszumachen, ehe man ihn gebraucht.

Unbeschadet dieser Einschränkung mag es wie eine Ungerechtigkeit, wenn nicht wie ein bedenklicher Mangel an Urteil erscheinen, die Plastik Michelangelos des Naturalismus zu bezichtigen. Dieser Künstler, wird man einwenden, hat während eines langen Lebens immer die leidenschaftlichste Liebe zur Schönheit in einem unzweideutigen Sinne geäußert, der jede Verwandschaft mit den Irrlehren einer naturnachahmenden Kunst ausschließt. Er hat sich sogar der Bildnismalerei enthalten, weil der einzelne Mensch in seiner zufälligen Beschaffenheit nicht schön genug sei um hochgespannten ästhetischen Wünschen zu genügen. Und er las deshalb aus unzähligen Einzelzügen der Natur die Schönheit zusammen, um sie auf e i n e Gestalt zu häufen. Wie sollte er Naturalist gewesen sein? Welche Kunst, ausgenommen die griechische Antike bis zur hellenistischen Zeit, war n i c h t naturalistisch, wenn es die des Michelangelo ist? Was soll man zu Rembrandt, zu den Künstlern unseres eigenen Zeitalters sagen, wenn d i e s e r Idealismus verkannt wird?

Als Jüngling hatte sich Michelangelo in die neuplatonische Stimmung der florentinischen Akademie eingelebt. Und zwar in einem Grade, wie das nur seelischer Verwandtschaft, prästabilierter Gemeinschaft im Geiste zu gelingen vermag. Ohne Griechisch, ohne Latein zu verstehen, ohne Platon oder Plotin im Urtexte oder doch wenigstens in den Übersetzungen Ficinos lesen zu können, war er durchtränkt von neuplatonischen Wertungen und Ideen. Gewiß, Platon selbst konnte ihn niemals in der Art beeindrucken wie einen Kenner seiner Schriften. Die spitzen und nicht sehr selten spitzfindigen Erörterungen dieses Philosophen, die teils ironischen, teils sophistischen Untersuchungen dunkler Begriffe vermochten so wenig auf ihn einzuwirken, wie die große Reihe von ersten und letzten Problemen, die nur dem Logiker und Philosophen, keinem Laien und keinem Künstler mitteilbar sind. Michelangelo wußte sicher nicht, wie häufig der Verfasser des Jon, Lysis, Charmides, Laches, Eutyphron seine Leser foppt, wie er sie ermüdet durch immer neue Distinktionen und sie am Ende in die grüblerische Qual des sokratischen Nichtwissens zurückstößt. An Stelle dieses zur Ergründung, aber nicht zur Schwärmerei anreizenden Platon wußte sich Michelangelo eine Art neuplatonischer Stimmung anzueignen, eine vom Christentume und seinen unüberwindlichen Dualismen versehrte Metaphysik. Die Frage ist, ob diese Metaphysik in irgendeiner Beziehung zu dem Verfahren des Künstlers steht, und ob ein artistischer Naturalismus wahrscheinlich ist bei dem neuplatonischen Idealisten der Wiedergeburt.

Von vornherein wäre die Annahme sehr verkehrt, daß metaphysischer Idealismus im allgemeinen und ästhetischer Naturalismus sich ausschließen müßten. Darüber kann nichts aufschlußreicher sein als die Ästhetik Plotins, die für die Hochrenaissance in Italien doch wohl die eigentlich maßgebende gewesen ist.

Wie jede geschichtliche Philosophie, die die ästhetischen Phänomene zu deuten unternimmt, geht auch die plotinische von der gegensätzlichen Wertung Schön Häßlich aus. Schön ist das, was an den Ideen teil hat; häßlich das Gestaltlose, von der Idee nicht Durchdrungene und Überwältigte. Man unterscheidet die Schönheit in dreierlei Abstufungen: als das sinnlich Schöne der irdischen Körper, wohin auch das Kunstwerk zu rechnen ist, als das intelligibel Schöne der Ideen, und als die Grundursache und das Prinzip alles Schönen überhaupt, das Gute, Eine oder Urschöne. Ein Naturgegenstand ist danach schön, wenn er von der Idee durchtränkt erscheint, wenn seine vielen Teile, aus denen er besteht, von einer ideellen Einheit bestimmt werden. Die Einheit des Mannigfaltigen wird als das Formalgesetz der Schönheit empfunden, wenn man sich auch dieses Sprachausdruckes selbst noch nicht bedient.

Über das Kunstschöne (im Gegensatz zum Naturschönen) wäre zweierlei zu bemerken. Zunächst ist es aufzufassen als Nachahmung der Naturdinge. Aber die Kunst ahmt nicht schlechthin nach, was sie in der

Natur vorfindet oder vielmehr: wie sie die Natur vorfindet. Sondern sie steigt zur Idee selber auf, das heißt zu jenem intelligibeln Sein, welches auch die Natur zu einer schönen macht. Hier treten also die scheinbar unversöhnlichen Begriffe der Naturnachahmung und der Naturidealisierung nicht als Gegensatz, sondern als Ergänzung auf. Der neuplatonische Idealismus schließt in seiner Ästhetik den Naturalismus nicht aus, sondern ein. Die Kunst ahmt nach, — sie tut es nur nicht ohne jede Veränderung ihres Naturvorbildes, sondern sucht aus diesem gleichsam den ideenhaften Gehalt herauszuziehen, herauszusaugen. Denn auch die Natur ist ja nicht als solche „schön". Sie versorgt sich mit dieser ästhetischen Qualität vielmehr aus demselben übersinnlichen Bereiche, zu dem der Künstler aufsteigen muß, wenn seine Naturnachahmung befriedigen soll. In dieser unausgleichbaren Schwebe zwischen Naturalismus und Platonismus, zwischen der Natur und „dem" Schönen, befindet sich schon ein Schriftsteller der Frührenaissance, der von Plotin schwerlich etwas wußte. Der Architekt Leon Battista Alberti hat dadurch, wie man gesagt hat, das Problem des Cinquecento auf eine klare und gültige Weise abgefaßt. In seiner Abhandlung über die Malerei steckt er dieser zwei Ziele. Sie müsse erstens, wie der originelle Sprachausdruck lautet, das Ähnliche durch Kunst zu umarmen suchen — simile abbracciare con arte. Aber gleichzeitig habe sie die Verwirklichung des Schönen, das über die Natur hinausweist und aus der Nachahmung nicht erzeugt werden kann, anzustreben. Das Kunstwerk ahmt also zwar nach, aber über jede Nachahmung hinaus will es gefallen.

Die Folgerungen aus diesem paradoxen Sachverhalt sind fernwirkend. Grund des Schönen ist im Platonismus ein durchaus Übersinnliches. Die Materie an sich ist schönheitslos, schönheitsfremd, worein noch ein aristotelischer Gedanke spielt: die Materie ist das Mangelhafte, das Nichthaben, das Beraubte, die στέρησις. Ihr gänzlich passives Sein wird von dem intelligibeln Schönen der Idee durchdrungen, wofern dieses sich gleichsam über die Ausdehnung des Stoffes verteilt. Jede Ausdehnung ist aber Schwächung und Verlust. Das Schöne verliert in demselben Maße als es sich auf die Materie erstreckt und sich in ihrem Ausgedehntsein verstofflicht. Die Materie, die für den Künstler Material ist, steht dem an sich Schönen der Idee tot und vollkommen passiv gegenüber. Wird sie im Akte der künstlerischen Produktion von der Idee sozusagen übermannt (in einem sehr eigentlichen Wortsinne), so erhält sie allerdings damit einen Abglanz jenes an sich Schönen. Aber dieses selbst gewinnt nichts bei diesem Vorgange: es büßt ein. Daraus folgt der sonderbare und auch heute noch verbreitete Psychologismus, daß die Imagination des Schönen im Geiste des Künstlers sehr viel wertvoller und edler sei als das entwickelte Kunstwerk, bei dem sich die immaterielle Reinheit der Idee über den Stoff ausgießen muß und dabei ihr eigenes unstoffliches Wesen verleugnet.

Diese Ästhetik stellt sonach zwei Forderungen an den bildenden Künstler. Er soll nachahmen und er soll idealisieren. Zur Nachahmung bietet ihm die Natur die Formen ihrer Körper und Gegenstände, was nicht schwer zu begreifen ist. Was bedeutet indessen der Begriff des Idealisierens? Die zweite Forderung stellt offenbar der Ästhetik ein schwieriges und nicht leicht entwirrbares Problem.

In der ursprünglichen Bedeutung des Wortes genommen, kann das Idealisieren nur eine Tätigkeit bezeichnen, die ein der „Idee" Entsprechendes hervorbringen will. Versuchen wir, diese allgemein gehaltene

Antwort etwas zu spezifizieren, indem wir sie auf das Problem des plastischen Schaffens anzuwenden bereit sind. Das Idealisieren bestünde hier in der Hervorbringung einer Form, die gleichzeitig eine körperliche Oberflächenbegrenzung und die Wirkung eines übersinnlichen Gestaltungsprinzipes wäre. Unter einer idealisierenden Form wäre also zweierlei zu verstehen. Erstens die äußere Gestalt, die Lagebeziehung der Oberflächenpunkte im Raume, ein optisch erfaßbares Ganzes, — zweitens ein formierendes Agens, ein die Erscheinung zur Schönheit veredelndes Erscheinendes, das nicht mehr naturhaft sinnlich, nicht mehr optisch erfahrbar ist. Diese Doppelbedeutung des idealistischen Formbegriffes wird leider sehr naheliegend gemacht durch die Zweideutigkeit der Sprache. Wir reden von zwei Gegensatzpaaren, von Form und Stoff und von Form und Inhalt. Das erstemal ist die Form eigentlich das Formierende, dem Stoff immanent Geistige, Gesetzmäßige, Gestaltende. Im zweiten Fall ist die Form gerade umgekehrt das Äußere, Sinnliche, Materiale, das eines Inhaltes bedarf, um nicht leer und bedeutungslos zu sein. Die Form, die dem Stoffe entgegengesetzt wird, ist genau einerlei mit dem intelligibeln Gestaltungsprinzip, das die idealistische Ästhetik Idee nennt. Die Form, die dem Inhalte entgegengesetzt wird, ist die plastische Gestalt, die sinnliche Umgrenzung der Dinge. So daß diesem Worte dieselbe Doppelsinnigkeit anhaftet wie dem griechischen εἶδος und ἰδέα, die sowohl die optische Erscheinung wie das in ihr Erscheinende bezeichnen: das Bild und das Urbild, das Gesichtete und das an sich Unsichtbare, Geisthafte.

Die plastische Tätigkeit besteht dieser Ästhetik zufolge demnach in einer Kompromißdarstellung dieser beiden Formen. Die Form als abgegrenzte Gestalt ist durch die Kunst derart zu verändern, daß die idealische Form in ihrer Energie klar zur Erscheinung gelangt. Der artistische Vorgang ist eine Versinnlichung von Ideen. Der Naturgegenstand verkörpert in seiner empirisch wahrnehmbaren Form zwar auch schon eine Idee, einen Normaltypus, ein Bildungsgesetz seiner eigenen Gattung. Aber die formierende Energie kann sich in der Natur nicht rein durchsetzen. Ihre Macht bricht sich an der Trägheit der Materie, die ja, wie oben erwähnt wurde, als wesentlich passiv aufzufassen ist. Die Form als Naturgestalt kommt der bildnerischen Absicht halbwegs entgegen, wofern auch sie schon das Produkt der Form als Idee ist. Aber doch nur halbwegs: es gilt daher, alles das Ideenhafte vollends herauszuarbeiten, was in der trägen Stofflichkeit gleichsam steckengeblieben ist. Michelangelo hat dafür ein gar nicht leicht verständliches Gleichnis. Die Form entstehe, heißt es hier, aus dem Steine, wie eine unterm Wasserspiegel eines Kübels verborgene Wachsstatue allmählich ihre Züge erkennen lasse, wenn man sie aus dem Wasser hebt. (Man dürfte vielleicht heutzutage sagen: die Form entsteht, ähnlich wie die Gestalt eines Badenden, langsam das Wasser der Wanne ablassend, zur Erscheinung kommt.) In diesem Gleichnis wird der Stein also idealiter schon geformt gedacht, ehe ihn der Künstler zu behauen beginnt. Die bildnerische Tätigkeit, die mit dem Heben aus dem Wasserspiegel verglichen wird, muß nur das Formlose um die (idealische) Form herum zu entfernen streben, und die Statue ist fertig. Das ist eine Umschreibung der Tatsache, daß die Form als Idee allgegenwärtig in der Materie ist, daß sie in der toten Stofflichkeit des Steines eingeschlossen wird wie das Wachsbild im Kübel vom Wasser, und daß der Künstler im Grunde nichts anderes vollbringt als die Befreiung der idealischen Form aus ihrem Gefängnis, der Materie. Als echter Schüler des Neuplatonismus sieht Michelangelo Ideen in die Dinge hinein und deutet sich seine eigene Arbeit als die Befreiung formspendender Gestaltungsenergien, die im Materiale als „Möglichkeiten" vorhanden sind.

Aber unausbleiblich führt dieser metaphysische Dualismus des Formbegriffes zu unmöglichen Verhältnissen. Der Künstler, der einerseits die Naturgestalt nachzuahmen, anderseits die in ihr verborgene Idee herauszubilden hat, ist ohne jedes Unterscheidungsmittel, wieweit er nachzuahmen, wieweit er zu idealisieren habe. Die Naturform, heißt es, sei schön, soweit der Stoff von der Idee überwältigt wäre. Wie weit ist er aber von ihr überwältigt? Wo entsprechen die Formen der Natur ihren formierenden Ideen und wo nicht? Wo beginnt die Nachahmung und wo hört sie auf, wo muß der Künstler idealisierend verfahren und wo nicht? Schließlich befindet er sich zwischen zwei grundverschiedenen Gestaltungsmöglichkeiten: die eine ist spontan und gebietet das Kunstwerk rein aus innerer Intuition, aus der Anschauung einer Idee, eines Gesichtes, einer Vision hervorzubilden. Die andere ist rezeptiv und fordert die Wiederholung der Natur. Wie ist ein Ausgleich beider möglich, da es ein Drittes auf diesem Standpunkte nicht gibt, noch geben kann? Eine Art von artistischem Apriorismus liegt hier im Kampfe mit einem ebensolchen Empirismus. Aber es fehlt der Kant, der beide miteinander versöhne. Die idealistisch neuplatonische Ästhetik hat nur ihre beiden Formbegriffe, die Naturgestalt und die Idee. Solange die Idee das Agens ist, welches die Naturform erst zur schönen Form erhebt, ist der Künstler darauf angewiesen, die „Idee" zu besitzen, ehe er sich der Natur artistisch bemächtigen kann. Was ist aber die Idee, und was heißt es, die Idee besitzen? Für Platon und Plotin mag dieser Begriff soweit ein deutlicher gewesen sein als sie ihn zu deuten wenigstens versuchten. (Wobei indessen die eigentliche, die logische Funktion der platonischen Idee sicherlich keiner ästhetischen Verwendung zugänglich ist.) Was soll aber der Künstler mit diesem Begriffe anfangen? Denn gesetzt den günstigen Fall, der Künstler verfüge über einen unversieglichen Quell jener inneren Vorstellungsbilder, Anschauungen und Gesichte, die man bei uns heute gemeinhin „Ideen" nennt: sind das auch wirklich platonische Ideen als die den Dingen übergeordneten formierenden Energien? Auf welche Weise ist der Unterschied feststellbar zwischen einer augenblicklichen Eingebung des künstlerischen Subjektes und der mystischen Offenbarung der Idee, die ihrem Sinne nach ein gänzlich objektives, dem Subjekte und seiner Psychologie gar nicht mehr unterworfenes Sein bedeutet? Wie kann das Flüchtigste, Zarteste, Innerste und Persönlichste, eine Phantasievorstellung, eine künstlerische Imagination, zugleich das objektiv Gültigste, über Zeit, Veränderung und Psychologie Erhobene sein?

Die Forderung, die Kunst solle idealisieren, ist also leichter zu erheben als fruchtbar auszulegen. Niemand besitzt ein Organon, um am Sein der Ideen teilzunehmen und ihnen dann einen bildnerischen Formtypus entsprechen zu lassen. Darüber hilft auch die Ausflucht nicht hinweg, auf die man verfallen ist, um dem Idealismus eine mögliche Anwendung zu sichern. Sie besteht darin, die Idee als einen normalen Typus der Gattung aufzufassen und sie als solchen malerisch oder plastisch darzustellen. Nun kann man zwar eine Normalidee, wie dies Kant geheißen hat, bilden, indem man den durchschnittlichen Wert einer Reihe von verschiedenen Formbestandteilen quantitativ zu bestimmen sucht. Nicht durch Statistik, obwohl das Altertum und die Renaissance auch dies versucht haben, sondern durch eine ungefähr abschätzende Tätigkeit der Vorstellung. Man gelangt dadurch zu einer gewissen mittleren Größe, Höhe, Breite, zu einem mittleren Umfang, Volumen usw. Aber gerade die bildnerische Form, die zu dieser gattungsmäßigen Normalvorstellung gesucht werden müßte, bliebe ihr äußerlich, zufällig und willkürlich zugeordnet. Der quantitative Durchschnittswert, das Mittlere vieler Einzelgrößen, ist ja noch lange keine Form, sondern ein naturwissenschaftliches Schema, eine mehr oder minder unbestimmte Konstruktion, zu welcher der Künstler einen Körper erst nachträglich suchen muß. Zu einer an sich durchaus unbildnerischen Vorstellung wären formale Werte ausfindig zu machen: was nützte es also, seiner Einbildungskraft eine Anschauung verschafft zu haben vom mittleren Schädelumfang oder von der mittleren Schulterbreite? Diese Vorstellungen geben bestenfalls ein bestimmtes Quantum, einen bestimmten Verhältniswert, aber niemals einen eindeutig bestimmten Formzusammenhang, einen plastischen Typus, der als der „normale" anzusprechen wäre. Auch die Gattungsidee wird erst ästhetisch wirklich, wo sie sich in einer Reihe von individuellen Formwerten verstofflichen darf. Es ist also streng genommen gar nicht die Gattungsidee, die artistisch verwirklicht wurde, sondern ein individualisiertes Symbol von ihr. Das Idealisieren läuft auf ein Symbolisieren hinaus und damit auf ein vorzüglich unkünstlerisches Verfahren, in welchem zu einem quantitativen Schema von räumlichen Durchschnittsgrößen die entsprechende schöne Form, die qualitative Anschauung gesucht wird.

Wenn eine banale Ästhetik trotzdem immer noch des Glaubens ist, die antike Skulptur sei deswegen so vollkommen, weil dort ein für allemal die normativen

Formwerte der menschlichen Gattung zur plastischen Darstellung gelangt seien, so irrt sie. Die griechische Bildkunst der besten Zeit, also etwa einschließlich der Meister des Parthenonfrieses, war nicht deswegen so unerreicht „plastisch", weil sie, wie Polykleitos, gattungstypisch idealisiert hätte, sondern weil sie Anschauungen entwickelte, in denen alle Ausdrucks- und Formwerte der Details einer Gesamtform streng untergeordnet wurden. Und weil niemals die expressiven Möglichkeiten der organischen Formen soweit von ihr ausgenutzt wurden, daß sie das räumliche Gleichgewicht der Gestalt erschüttern konnten. Wenn diese antiken Statuen uns Heutigen nicht individuell erscheinen, so rührt es daher, — aber nicht von einer langweilig idealisierenden Darstellung des Normaltypus der menschlichen Gattung.

Auf die ferneren Folgen des Idealisierens einzugehen erübrigt sich. Immerhin verursachten die neuplatonischen Lehren einen Umstand, der für Michelangelos Geschichte noch in anderer Hinsicht ausschlaggebend gewesen ist. Die idealistische Ästhetik stellt nämlich nicht nur zwei Formbegriffe in einen Gegensatz, den sie nicht überwinden kann. Nicht nur daß ihr die optische Erscheinung der Naturgegenstände etwas wesenhaft anderes ist als die formierende Idee: beide Begriffe befinden sich außerdem im Verhältnis einer Wertabstufung, die ihrerseits zu bemerkenswerten Irrungen den Anlaß bietet. Die unstoffliche Idee ist der stofflichen Gestalt an Wert unendlich übergeordnet. Denn die Idee ist ja das von sich aus Schöne, während die Naturform günstigenfalls erst durch die Idee schön werden kann. Die Idee wiederum steht in einem Abhängigkeitsverhältnis zum Urschönen, wenn man berücksichtigt, daß sie in das Eine, Urschöne oder Gute eingeboren ist wie der Gottsohn in den Vater im christlichen Mythos. Aus diesem Grunde wendet sich der Neuplatoniker von den äußerlichsten Manifestationen des Schönen lieber ab um von ihnen zum zentralen Wesen aufzusteigen. Die in die Stofflichkeit der Materie eingesenkte Schönheit des Kunstwerkes wird aufgeopfert zugunsten der Schönheit reiner Ideen. Und diese wird man wiederum verlassen um des Urschönen und Einen willen. Freilich hat sich kein Künstler in den Ring dieser unabweislichen Logik schmieden lassen außer Michelangelo. Der Alternde bringt es über sich der Kunst zu fluchen. Die Schönheit, heißt es in einem Sonette, ist error di foco, ist ein Irrlicht. Menschsein ist Elend, wenn die göttliche Gnade nicht zum Urschönen emporzieht. Malen und Meißeln bringt der Seele keinen Frieden, der Geist verurteilt was den Sinnen schmeichelt, und richtet sein Streben darauf, entschlackt, entkörpert, entkerkert und dadurch gottwürdig zu werden. Man hat in unsern Tagen von einem grüblerischen Alten des Nordens eine ähnliche Verleugnung der künstlerischen Tätigkeit als der Weisheit letzten Schluß vernommen. Auch Ibsen verwirft (in seinem dramatischen Epiloge) die Kunst. Allerdings aus entgegengesetzten Gründen. Der mißtrauische Dichter, der das menschliche Tun allenthalben beklopft, behorcht, durchspäht und schließlich für fragwürdig befindet, schmält die Kunst als ein unfruchtbares Verhalten, das uns darum bringe unser Leben resolut zu leben und es frisch anzupacken wie es ist. Er wertet die Kunst negativ, weil er die große Position, die starke Bejahung des Seienden in der unmittelbaren Hingabe an den Prozeß des Lebens zu erfassen glaubt. Indem die Kunst diese unbedingte Hingabe unterbricht und im Akte der Produktion eine Reihe von vitalen Beziehungen aufhebt oder ausschaltet, verhält sie sich zum Sinnlichen und Lebendigen eigentlich übersinnlich und abstrakt, weil sie es im Werke objektiviert, statt es einfach zu genießen. Im Gegensatze dazu wertet Michelangelo die Kunst deshalb negativ, weil sie sogar das Übersinnliche nur in sinnlichen Gegenständen darbietet und den Menschen dadurch abhält, dem Absoluten in seiner nackten Einheit, Einzigkeit entgegenzublühen (oder zu welken). Selbst die produktive Sinnlichkeit des Künstlers ist eitel und schädlich, wenn das Wesen der Welt, wenn Gott keine sinnliche Existenz hat. Aber trotz dieses erheblichen Unterschiedes in der Begründung stimmen die beiden Greise aus Nord und Süd darin überein, daß die Kunst und ihre Funktionen nicht bis zu dem reichen, was ihnen als wahres Leben aufgegangen ist.

Das war für Michelangelo der notwendige Ausgang einer von neuplatonisierenden Vorstellungen durchsetzten Lebensführung und Kunstbetrachtung. Einer Welt überlassen, wo der Artist zu schwankender Bewegung zwischen Naturform und Idee verurteilt ist, wo sein Schaffen niemals ein wirkliches Gleichgewicht finden kann und das Schöne überhaupt ein Jenseits aller menschlichen Anstrengungen bleibt, war die Flucht zu Gott die einzig mögliche Rettung. Der hellenistische Philosoph Plotinos, der sich nicht konterfeien lassen wollte, damit nicht der Schatten eines Schattens der Nachwelt überliefert werde, und der Künstler der Wiedergeburt, der andere nicht abbilden wollte, weil die Züge des Individuums die schöne Idee mehr trüben als zur Erscheinung bringen: sie ergänzen sich vortrefflich. Die wahre Konsequenz des neuplatonischen Idealismus ist nicht das schöne Kunstwerk, sondern die schöne Seele des der Kunst abgestorbenen Künstlers. Wenn die Schönheit, von den artistischen Funktionen abgetrennt, als ein metaphysisches S e i n verstanden wird, ja wenn U r s c h ö n e s und U r - S e i n eins sind, dann fordert sie zu ihrer höchsten Verwirklichung eben selbst wieder ein Sein und keine Tätigkeit, wäre sie auch noch so entwickelt und gesteigert. In diesem halb naturalistischen, halb idealistischen Mystizismus erstickt die Kunst. „Wenn die Schönheit als ein Sein verstanden wird," sagte ich eben. Dieser Satz ist vielleicht unklar. Was er bedeuten will wird durch die Erwägung verständlich, daß das sogenannte Schöne auch für die idealistische Ästhetik keineswegs notwendigerweise ein Sein zu sein braucht. Vielmehr findet sich gerade bei Plotin, im sechsten Buche der ersten Enneade, eine bemerkenswerte Stelle. „Die Schönheit wird aber erkannt durch ein besonders dazu bestimmtes Vermögen, welches vollkommen befähigt ist, in seinem Bereiche zu urteilen, sobald die übrige Seele seinem Urteile beipflichtet. Vielleicht aber, fährt Plotin fort, entscheidet auch die Seele selbst darüber, indem sie den wahrgenommenen Gegenstand nach der ihr innewohnenden Idee bemißt, deren sie sich bei der Beurteilung bedient, etwa wie man sich eines Richtscheites bedient, wo es sich um das Gerade handelt." Hier taucht der einschneidende Gedanke auf, ob das Schöne nicht zuletzt eine Art der Beurteilung sei, durch die das urteilende Subjekt die Gegenstände ästhetisch wertet. So daß die Schönheit nicht mehr im Sinne eines intelligibeln Seins „Idee" ist, sondern im Sinne einer vom genießenden Subjekte vorgenommenen Wertung. Es war die große Umdeutung Kants, die Plotin in einem hellseherischen Augenblicke vorausgenommen hat. Wäre er seiner Eingebung weiter gefolgt, so hätte die idealistische Ästhetik möglicherweise die Wendung zu einer Philosophie der Werte schon damals genommen.

Die Widerstreite in der Renaissanceskulptur sind, wie man sich bei Michelangelo überzeugen konnte, zum guten Teil zugleich die Widersprüche der neuplatonischen Kunstlehre. Sie erzeugen eine Gespanntheit der Tendenzen, die die Kunst von innen her sprengen mußte. Die Frage ist nicht unwesentlich, ob wohl eine Ästhetik des Wertes, wie sie Plotin flüchtig vorschwebte, von Kant aber systematisch durchdacht wurde, diese Gegensetzungen ausgleicht. Was den ursprünglichen Konflikt zwischen Naturnachahmung und Idealisierung betrifft, so ist kein Zweifel, daß er da gegenstandslos wird, wo das ästhetische Urphänomen nicht sowohl in einem intelligibeln Sein, als in einem Akte des Wertens, in einer besonderen Art der Beurteilung gesucht wird. Indem die Idee aufhört, ein den wahrnehmbaren Dingen Entgegengesetztes und Übergeordnetes zu sein, verschwindet die Antithetik der beiden Formbegriffe und damit das fortwährende Schwanken des Künstlers zwischen idealisierendem und roh nachahmendem Verfahren. Wenn Schönheit nicht mehr erzeugt wird, indem die Idee in den natürlichen Gestalten formierend als eine metaphysische Energie wirkt, sondern indem das Subjekt einen Wert, eine Norm setzt, nach der die Gegenstände ästhetisch beurteilt werden: dann verliert die idealisierende Tätigkeit ihren vormaligen Sinn, weil nunmehr jedes Haben oder Besitzergreifen einer Idee außer Betracht bleibt.

Auch der Naturalismus steht jetzt eigentlich nicht mehr in Frage. Wo die Natur ein Objekt der Wertung, der Unterwerfung unter eine Anzahl unbedingter Schönheitsnormen ist, kann sie nicht Objekt blinder Nachahmung bleiben. Der artistische Konflikt, der für die Skulptur der Wiedergeburt so heillos war, wäre also für einen nach den neuen Maximen verfahrenden Künstler beseitigt. Und damit auch die andern Konflikte, die von dem Dualismus Idee Naturding ausgingen und einen folgerichtig Denkenden zur bitteren Überzeugung führen mußten, in der Darstellung körperhaft schöner Gestalten immer nur einer verhältnismäßig untergeordneten, ja illegitimen Betätigung zu obliegen. Es gibt fortan kein ideales Stufenreich mehr, keine Hierarchie von den Wahrnehmungen bis zu den Ideen und von da zum Urschönen, mithin auch keinen Aufschwung der Seele in Gefilde, die, wie sie auch beschaffen sein mögen, jedenfalls ein Jenseits der Künste sind. Die abstrusen Mißstände, seien sie artistischer, philosophischer oder allgemein menschlicher Art, verschwinden.

Ob freilich diese nächste Stufe der idealistischen Philosophie des Schönen für die Erkenntnis ästhetischer Vorgänge nicht gleichfalls reichlich problematisch ist, bleibt damit unentschieden. Kant gibt die Idee als ein erklärendes principium des Schönen auf; wo er den Begriff ästhetische Idee gebraucht, geschieht es in einem anderen Sinne als in dem der neuplatonischen Philosophie. Das Schöne soll nicht mehr auf irgendeine Weise an einem übersinnlichen Medium haften. Sondern Schön und Häßlich wollen positive und negative Normen oder Wertsetzungen bedeuten, die einer besonderen Gattung von Urteilen, nämlich den Geschmacksurteilen, vorausgesetzt sein müssen. Die Norm des Schönen gilt und muß gelten für jede ästhetische Beurteilung, wenn diese nicht ganz willkürlich sein soll: das Geschmacksurteil fordert einen Wertmaßstab, an dem es die zu beurteilende Sache gleichsam abmißt. Schön und Häßlich sind demnach die notwendig gültigen Voraussetzungen für jedes mögliche Geschmacksurteil. In jedem ästhetisch urteilenden Individuum ist eine Vorstellung lebendig, die sich den beurteilten Dingen als eine Forderung gegenüberstellt, der sie zu genügen haben. Man könnte nie wissen, was schön, was häßlich sei, wenn man das Schöne und das Häßliche nicht in sich trüge in der Form eines ewigen Imperativs, der die ästhetische Beurteilung der Dinge zugleich herausfordert und begründet. Der Geschmack urteilt, weil er die Forderung nicht los wird, Gegenstände und Körper, Klänge und Ereignisse auf einen bestimmten Wert zu beziehen und sie, je nachdem, als häßlich abzulehnen oder als schön anzuerkennen.

Aber eine tiefe Dunkelheit liegt darin, daß zwar eine derartige Norm vorausgesetzt werden muß, wenn anders wir nicht richtungslos und grundlos launisch urteilen wollen — daß jedoch anderseits diese Norm niemals begrifflich oder logisch festzulegen ist. Wir setzen sie voraus, aber es ist unmöglich, sie inhaltlich zu bestimmen oder Merkmale des Schönen als einem normativen Werte anzugeben. Man fordert von den Erscheinungen ihre Wertentsprechung, aber man vermag diesen Wert nicht festzustellen, zu objektivieren, zu umschreiben oder darzustellen. Wir besitzen sozusagen die Schönheit nie, wir fordern nur daß sie sei. Das Geschmacksurteil gleicht einer Rechnung, aus der wenigstens e i n e Unbekannte nie zu entfernen ist. Die Gegenstände werden auf diese Unbekannte bezogen, sie werden ästhetisch wertvoll überhaupt nur durch ihr Verhältnis zu dieser Unbekannten. Aber völlig bleibt es verborgen, wie dieser imaginäre Beziehungspunkt beschaffen sei und wie es geschehen könne, daß der Gegenstand im Verhältnis zu ihm schön erscheine. Ja, so grundverschieden der Idealismus Plotins von dem kantischen sein mag: in einem gewissen Punkte schneiden sich beider Richtungen. Die Schönheit bleibt nämlich als Wert oder Norm des Geschmacksurteils ebenso transzendent wie als Idee. Als Voraussetzung des ästhetischen Urteils scheint der Wert zwar vom wertenden

Subjekte erfaßbar und im Akte der Wertung sogar unmittelbar mit gesetzt. Aber diese Immanenz ist nur scheinbar, weil das Schöne dabei nur als Anspruch, als Sollen auftritt, das dem Gegenstande der ästhetischen Betrachtung wie der urteilenden Person gleichermaßen äußerlich bleibt. In welchem Maße dies verhängnisvoll wirkt, zeigt sich, wenn man die abstrakte Erwägung verläßt und das einzelne Kunstwerk auf seinen ästhetischen Wert hin zu prüfen unternimmt. Da es für den kantischen Idealismus im Grunde nur einen einzigen Kunstwert gibt, nämlich „das" Schöne, muß eine Sonate, ein Gedicht, eine Plastik notwendig vom Beurteiler auf dieselbe Norm bezogen werden. Ihnen allen steht der gleiche Imperativ gegenüber, dem sie entweder entsprechen oder nicht entsprechen. Nun zeigt sich aber unverkennbar, daß die sehr allgemeine Forderung des Schönseinsollens hier insofern besondert werden muß, als die Statue, die Sonate, das Gedicht ihre eigentümlichen Entstehungsregeln haben, von denen ihre Bewertung durchaus abhängig ist. Der ästhetische Wert als transzendente Norm, als allgemeines Sollen bricht sich gleichsam an der Struktur und an den Eigengesetzen der einzelnen Künste. Und zwar liegt die Sache nicht so, als ob man aus dem geltenden Werte, der die Voraussetzung für das Geschmacksurteil überhaupt darbietet, etwa durch Besonderung, Spezifikation und Unterscheidung die Bildungsgesetze der einzelnen Künste ableiten könnte. Daß dies unmöglich ist, hat Kant anscheinend selbst empfunden. Denn für die Entstehung des Kunstwerkes hat er das Vermögen des Geschmackes und dadurch mittelbar das Geschmacksurteil mitsamt seinen Voraussetzungen ausdrücklich als unzulänglich erklärt. Der Geschmack, sagt Kant, genüge wohl, das Schöne zu beurteilen, —

aber um das Schöne hervorzubringen, bedürfe es jener besonderen Gemütsanlage, die man Genie nennt, und durch welche „die Natur der Kunst die Regel" gibt — die Natur, das will heißen die Fähigkeit des produktiven Subjektes. Ein bedeutsames Zugeständnis. Denn jetzt wird ein unüberbrücklicher Gegensatz bemerkbar zwischen der allgemeinen Norm der ästhetischen Beurteilung, soweit sie notwendige Voraussetzung des Geschmacksurteiles ist, und zwischen dem artistischen Entstehungsvorgang, in welchem die Natur des schöpferischen Menschen der Kunst ihre Gesetze vorschreibt. Die Produktion des Kunstwerks durchkreuzt gleichsam die imaginäre Gerade, die vorhin vom Beziehungspunkte des normativen Wertes zu der ästhetisch empfundenen Einzelerscheinung gezogen wurde. Sie durchkreuzt diese, weil sie ihrerseits unwillkürlich einen Wert erzeugt, der gar nicht mehr von irgendeinem Urteilsakte und seiner apriorischen Norm abhängt, sondern von der hervorbringenden Tätigkeit des Künstlers („des Genies"). Das Kunstwerk selbst ist nicht wertvoll, weil von ihm eine unbedingte Norm des Geschmackes vorausgesetzt wird, die seine Beurteilung ermöglicht, sondern weil das produktive Verfahren des Künstlers ihm autonom seinen Wert verleiht und mitgiftet. Die transzendente Forderung, die künstlerische Produktion als schön oder häßlich zu bewerten, je nachdem sie dem normativen Werte entspricht oder nicht entspricht, wird mattgesetzt durch eine ganz andere Forderung, die das Kunstwerk von sich aus an den Betrachter stellt. Diese zweite Forderung bezieht sich auf das konkrete Verhältnis, das obwaltet zwischen den besonderen Darstellungsmöglichkeiten einer Kunstgattung und der Erscheinung, die durch sie hervorgebracht wurden, nicht auf eine unbedingte Norm Schön Häßlich.

Jetzt ist also das Kunstwerk nicht mehr wertvoll, weil es schön ist oder als schön beurteilt wird. Denn das hieße es auf eine höchst problematische Vorstellung beziehen. Es ist vielmehr wertvoll, weil das artistische Verfahren durch Darstellungsmittel von besonderer Qualität, also etwa durch Klänge und Rhythmen, Farben, Formen, Raumbilder, Wortverknüpfungen eine Reihe von Produkten gesetzmäßig bestimmt erscheinen läßt. Dieser Auffassung folgend wurde vorhin die plastische Form in dem von mir abgegrenzten Begriffe der Wert dieser Kunst genannt. Die tiefere Berechtigung dazu ergibt sich jetzt. Es sollte damit auf die Tatsache abgehoben werden, daß der artistische Wert nicht als eine transzendente Norm im Sinne der kantischen Lehre aufzufassen wäre, sondern als eine Funktion (im mathematischen Sinne), als eine abhängige Veränderliche der darstellenden Absichten, Tätigkeiten und Mittel der Einzelkünste. Solange man der Kunst naht mit einem schon fertigen Maße, mit einer urteilsmäßigen Norm, bleibt man ihr auf alle Fälle transzendent, weil der Rechtsgrund zu diesem Urteile einer Sphäre entliehen wird, die mit dem artistischen Vorgange selbst keine sachliche Gemeinschaft hat. Gesetzt man fände das Kunstwerk schön: was ist damit gewonnen? Wird man nach vollzogener Beurteilung nicht weiter wandeln in kühler Gleichgültigkeit, damit zufrieden, wieder einmal ein normgerechtes Urteil mehr gefällt zu haben? Was vermag ein Urteil, auch ein solches des Geschmackes, überhaupt in bezug auf das Kunstwerk zu leisten? Ja, besteht das ästhetische Erlebnis, auch vom Zuschauer und Amateur aus, wirklich nur in einem Urteilsakte, oder nicht vielmehr in etwas ganz anderem? Will das Kunstwerk beurteilt oder will es nacherschaffen sein? Fordert es vom Betrachter Geschmack oder nicht selbst eine Abart von künstlerischer Produktivität? Selbst die Genugtuung, das einzelne Produkt der Kunst einem normativen Urteilsmaße unterworfen zu haben, wiegt s i e den ungeheuren Nachteil auf, daß man sich mit eben diesem Maße von allen gestaltenden Funktionen, die das Dasein des Kunstwerkes bestimmen, unendlich weit entfernt? „Diese Statue ist schön — jene dagegen ist häßlich." Gut. Aber wenn es der bildnerischen Tätigkeit gar nicht auf schön und häßlich ankommen k ö n n t e, wenn sie einen Wert hervorbrächte, der von den allgemeinen Normen des kantischen Geschmacksurteiles gar nicht berührt wird?

Eine an sich sehr begründete und echt philosophische Neigung, den Wert dadurch unangreifbar zu machen, daß man ihn zu einer unbedingten Norm objektiviert und so dem Individuum als eine selbstherrliche und absolute Geltung entgegenstellt, schlägt hier über die Stränge. Statt den Wert nur zu objektivieren läßt man ihn erstarren und sich zu einer Transzendenz zusammenballen, die jede Beziehung und jede Beteiligung an den artistischen Vorgängen ausschließt. Um den ästhetischen Werth von der psychologischen und physiologischen Zufälligkeit der künstlerischen Person bis zu einem gewissen Grade unabhängig zu erhalten (was Kant wohl vorschwebte), ist es indessen nicht notwendig, ihn als eine unbedingte, allgemeine und transzendente Norm aufzufassen. Es reicht vielmehr durchaus hin, den Wert in dem gesetzmäßig bestimmten Ablaufe und in den Regeln des produktiven Verfahrens der einzelnen Künste objektiviert zu finden. Seine überindividuelle und überpsychologische Bedeutung bleibt ihm auch damit gesichert. Denn wenn auch der Künstler in seiner Tätigkeit die seelischen und körperlichen Spannkräfte seines Ichs entlädt, so wird der Wert doch nicht durch sie, nicht durch die psycho-physiologische Qualität des Individuums bestimmt, sondern durch deren aktive Anpassung an die mit jedem gewählten Darstellungsmittel von selbst erhobenen Forderungen der artistischen Tathandlung. Es liegt ja als tieferer und vielleicht letzter Sinn jeder menschlichen Betätigung zugrunde, daß sie die Person und ihre bloße Subjektivität hinter sich zurück zu lassen strebt: was nicht gelingen könnte, wenn die Tätigkeit nicht schon an sich eine objektivierende Tendenz besäße. Und es war insbesondere der Gedanke Kants, daß es eine Anzahl von Setzungen, Tathandlungen und Vornahmen des Verstandes gäbe, die zwar das Individuum vollbringt, die aber trotzdem ein gänzlich überindividuelles Geltungsbereich behaupten. Es gibt hier eine Objektivität, die das Ergebnis von Funktionen ist, die zwar nicht „subjektiv" im Sinne des Individuellen sind, aber doch im Subjekte und von ihm vorgenommen werden. Gerade sie verbürgen eine Anzahl von erkenntnismäßigen Leistungen, die nicht nur individuelle und nicht nur subjektive Geltung haben. Wie das im allgemeinen möglich sei, ist vermutlich das schwierigste Problem aller Philosophie. Daß eine solche Möglichkeit indes für den besonderen Fall des artistischen Wertes zu erweisen sei, ist hoffentlich durch die bisherigen Erörterungen überzeugend geworden. Wir versuchten es wenigstens für den fundamentalen Wert der Plastik, für die Form, deutlich zu machen, wie er aus der bildnerischen Funktion heraus entsteht. Hier brauchte man, um einen Wert des ästhetischen Verhaltens festzustellen, die Sphäre des künstlerischen Schaffens nicht zu verlassen und nicht „das Schöne" als ewige Norm gewissermaßen in die Unendlichkeit hinaus zu versetzen.

Folgendes Dilemma ist also unbestreitbar. Entweder ist der ästhetische Wert eine allgemeine Norm des Geschmacksurteils: dann muß man einräumen, daß dieses Urteil zur Erkenntnis und zum nachlebenden Genusse des einzelnen Kunstwerkes nicht nur nichts beiträgt, sondern beides von vornherein ausschließt. Oder der ästhetische Wert ist gar nicht vom Geschmacksurteile, sondern von dem produktiven Verfahren des künstlerischen Schaffens ableitbar: dann läßt er sich nicht mehr auf die allgemeine Norm Schön Häßlich zurückführen. Dann ist es ein Irrtum, die Kunst müsse die Schönheit hervorbringen, und das Kunsturteil setze notwendig eine normative Vorstellung a priori des Schönen voraus. Dann braucht man endlich nicht mehr der unlösbaren Aufgabe nachzuhängen und einen für alle Künste gleichmäßig geltenden Wert auffinden zu wollen. Die zahllosen Philosopheme des Schönen werden verschwinden und mit ihnen die Philosophen, die zwar genau wissen, wie das Schöne beschaffen ist oder beschaffen sein soll, aber nicht von ferne an dem selbstgenügsamen Leben einer bildnerischen, dichterischen oder architektonischen Erschaffung teilnehmen können.

Wenn Fiedlers Satz richtig ist, daß es keine Kunst sondern nur Künste gäbe, dann muß als seine wichtigste Folgerung gelten: es gibt keinen allgemeinsamen ästhetischen Wert, kein Schön oder Häßlich überhaupt, sondern nur eine Anzahl von ästhetischen Werten. Die wirklich wertbildenden Funktionen entziehen sich vermutlich in keiner Kunst der nachträglichen Erkenntnis, wenn sie auch naturgemäß in keiner Kunst dem Erkennen völlig zugänglich zu machen sind. Der große Schritt Kantens über die Ästhetik Plotins und über die Ästhetik der Renaissance hinaus soll damit nicht rückgängig gemacht, sondern vollendet werden. Die kritische Einsicht, daß die ästhetische Norm kein idealisch substantielles Sein, keine platonische Idee ist, bleibt unverloren; ebenso die Feststellung, daß das Problem der Kunst ein Wertproblem ist. Nur wäre noch mit der letzten Überlieferung abzubrechen, die den ästhetischen Wert mit der Schönheit oder „dem" Schönen gleichsetzen zu müssen glaubt. Diese Meinung hat ja auch seither einen gefährlichen Stoß nach dem andern erlitten. Die Entwicklungsgeschichte der bildenden Künste hat den Begriff des Schönen zunehmend als einen problematischen erkennen lassen. Die Grenzen des Häßlichen wurden immer weiter nach außen geschoben, weil man neue Erscheinungen als schön empfinden lernte, die unlängst noch für häßlich galten. Wie das Gehör ehemals dissonierende Intervalle allmählich als Klangkonsonanzen empfinden lernte — zu gewissen Zeiten erkannte man nur Oktave und Quinte als wohlklingend an —, scheuten Plastik und Malerei schließlich vor keinem formalen und malerischen Wagnis mehr zurück, das ihren Darstellungsmitteln zugänglich blieb. Immer eindringlicher wurde fühlbar, daß nicht gegenständliche Schönheit oder Häßlichkeit von Belang sei, sondern das Verhältnis des artistischen Gegenstandes zu den darstellenden Möglichkeiten. Auch hier löste sich ein Dingbegriff in einen Funktionsbegriff auf, wie so häufig in den modernen Naturwissenschaften. Alles ist den Künsten erlaubt, was den gestaltenden Organen und Mitteln auf legitime Weise zugänglich ist. Alles ist ihnen verwehrt, was nicht rein und restlos durch sie zur Verwirklichung gelangt. Die Kunst reicht genau so weit wie die Logik der artistischen Funktion.

Es steht keineswegs von vornherein fest, in welchem Sinne die einzelnen Kunstwerke und die einzelnen Künste wertvoll sind. Die Forderungen, die berechtigterweise ans Kunstwerk zu erheben sind, werden nur langsam und mit großen Schwierigkeiten erkannt. Kein Mensch konnte die Werte der Malerei begreifen ehe die Venezianer, ehe Rembrandt, Delacroix und die Impressionisten ein uneingeschränkt malerisches Verfahren entwickelten mit zunehmender Ausscheidung aller zeichnerischen, geometrisch konstruierenden und plastisch modellierenden Beistände und Unterstützungen. So wußte man von jeher, daß die Malerei mit der Skulptur die Aufgabe der Raumerfüllung gemeinsam hat, aber noch Lessing konnte beide Künste naiv verwechseln und Folgerungen, die er für die eine gezogen hatte, der andern ohne weiteres gutschreiben. Niemand war mit sich im reinen, daß sich die Raumwerte der einzelnen Raumkünste durchaus verändern je nach dem artistischen Darstellungsmittel des Malers oder des Bildners. Wenn dieses in der Malerei von der Tiefe des Wirklichkeitsraumes, von der Form als dreidimensionaler Erstreckung abstrahiert, in der Plastik von der Farbe, von allen nicht durch die Gestalt begrenzten und eingeschlossenen Raumteilen, — so bedeutet das in jedem Falle eine eigenartige und einzigartige Organisation der verschiedenen Künste. Aus den instinktiven Handlungen formender, zeichnender und malender Produktion arbeiten sich die ästhetischen Werte der Künste erst nach unsäglichen Mühsalen, Irrtümern, Halbheiten, Fehlgriffen, nach unmöglichen oder verkehrten Anwendungen vorhandener Mittel heraus. Der ästhetische Wert einer Kunst ist deshalb auch nicht ihr "Apriori" im kantischen Wortverstande. Er ist eingesenkt in die produktive Tätigkeit als solche und auch als Forderung des ästhetischen Urteils nur aus dieser Tätigkeit abzuleiten. Seinem Wesen nach ist der Wert eine veränderliche Abhängige der darstellenden Funktionen und ihrer mechanischen Mittel. Mit kantischen Begriffen wäre die artistische Funktion als das Apriori des ästhetischen Wertes, nicht dieser als das Apriori des künstlerischen Verfahrens zu benennen.

Der ästhetische Wert als allgemein normative Voraussetzung des ästhetischen Verhaltens hat Kant in endlose Verlegenheiten gestürzt. Als Norm beansprucht der Wert überindividuelle Geltung. Aber zugleich kann die Norm diesen Anspruch nie rechtfertigen, weil sie sich jeder Bestimmbarkeit und Deutung entzieht. Kant hat daraus die wohlbekannte Antinomie seiner Ästhetik abgeleitet: das Geschmacksurteil müsse allgemein und überindividuell gültig sein, aber sein Bestimmungsgrund sei keine begrifflich deutbare Vorstellung. Zwar besitze jeder, der Geschmacksurteile fällt, ein inneres Richtmaß seiner Beurteilung, aber dieses bleibe unmitteilbar, weil unbestimmbar. Daß die Unterschiede und Widersprüche unserer Geschmacksurteile niemals ernstlich und endgültig geschlichtet werden können, hängt also zuletzt von der Beschaffenheit der Norm ab, auf die sich unsere Beurteilung beruft. Wäre sie zuletzt nicht schlechthin undeutbar, so müßten auch unsere allzu ungleichen und widerstreitenden Urteile über das artistisch Wertvolle einander anzunähern sein. Anders ausgedrückt: wenn der Wert in der Ästhetik nicht mehr mit der Norm a priori, mit der sogenannten Schönheit zusammenfällt, ist auch die kantische Antinomie zwischen der geforderten Allgemeingültigkeit des Geschmacksurteils und der Unmöglichkeit, diese Forderung durchzusetzen, zum Verschwinden zu bringen. Versteht man unter dem Wert nicht das normative Schönseinsollen der kantischen Ästhetik, nicht eine gänzlich unbestimmbare, wenngleich notwendige Voraussetzung der ästhetischen Beurteilung, sondern ein Ergebnis der artistischen Tätigkeit, das in seiner Eigenart wenigstens annähernd begrifflich umschrieben werden kann: dann besteht Hoffnung auf eine mögliche Verständigung auch in Dingen der Kunst und des Geschmackes. Dann wird man zwar das Verhalten zum einzelnen Kunstwerke dem andern immer noch nicht als ein notwendiges **beweisen** können (wie man etwa einen geometrischen Lehrsatz beweist) —, wohl aber vermöchte eine Rechtfertigung des Verhaltens geleistet zu werden auf Grund eines konkreten Wertbegriffes, der sich auf die Erkenntnis der darstellenden Möglichkeiten des Artisten stützt.

Ob eine Statue schön oder häßlich sei, mag freilich ewig bestritten bleiben. Ob sie dagegen eine den bildnerischen Mitteln gemäße klare, sinnliche und überschaubare Vorstellung der Form darbietet oder nicht, ob sie in dieser Hinsicht plastische Werte verwirklicht oder nicht, das muß an ihr aufzeigbar sein. Ich weiß heute noch nicht, ob Michelangelos Nacht schön oder häßlich zu nennen ist. Aber ich glaube zu erkennen, daß sie ein unzulängliches plastisches Gebilde aus den und den Gründen ist, eine Schöpfung, die den möglichen Wert der Skulptur, die Form, in teils ungenügendem, in teils naturalistisch übertreibendem Maße entwickelt, ein bildhauerisches Paradoxon, in welchem plastische Willkür, seelische Erregtheit, Naturnachahmung und tragisch leidendes Gefühl zu keinem anschaulichen Ausgleiche gelangt sind.

In bezug auf das Schöne sind Plotins Idee und Kants Norm gleich ohnmächtig vor dem gegenwärtigen Werke. So wenig neuplatonischer Kultus des Urschönen dem Urheber im geringsten vorteilhaft ist bei der Ausgestaltung eines Reliefs oder einer Statue, so wenig verschafft der unbedingt normative Wert, den Kants Geschmacksurteil voraussetzt, dem Betrachter ein Kriterium seines Verhaltens zu dem Produkte des Urhebers. Schön und Häßlich scheinen also die Überbleibsel des Platonismus in unserer Kunstauffassung zu sein. Man wird sich dieser Begriffspolarität langsam entschlagen müssen, wenn man zukünftig ein lebendiges Verhältnis zu den Künsten gewinnen will. Richtiger und der Sache angemessener als die Frage nach Schön oder Häßlich scheint mir die andere: ob nämlich jeder behauene Stein, jede gegossene Bronze auch schon an sich eine „Statue" oder ein „Relief" seien, ob man gereimte und ungereimte Wortfolgen „Dichtungen", mittels Musinkinstrumenten hervorgebrachte Klänge „Symphonien" oder „Sonaten", bepinselte Leinwände „Bilder", kurz, Gegenstände von oberflächlich äußerer Ähnlichkeit mit Kunstwerken „Kunstwerke" heißen dürfe? Besitzt ein menschliches Produkt einen spezifisch künstlerischen Wert, so ist es ein Kunstwerk. Besitzt es aber keinen solchen, so ist es in Ansehung seiner ästhetischen Bedeutung ein Nichts und Abernichts. Im ersten Falle ist es wertvoll, aber nicht schön; im zweiten Falle ist es schlechthin wertlos, also auch noch nicht einmal häßlich. Wo die Zugehörigkeit eines artistischen Gegenstandes zu seiner ästhetischen Gattung erweislich ist, ist der Maßstab Schön Häßlich ebenso entbehrlich wie nichtssagend. Wo sie nicht erweislich ist, kann dieser Maßstab auch nicht angewandt werden. Das schöne „Kunstwerk" ist eigentlich gar nicht möglich, weil der Wert seiner gesetzmäßigen Genesis, durch die es der Kunst zugehört, seine Schönheit erübrigt. Das „häßliche Kunstwerk" dagegen ist eine contradictio in adjecto, weil das, was in Ansehung seines artistischen Wertes positiv bewertet wurde, nämlich das Kunstwerk-Sein, nicht nachträglich einer Wertnegation unterliegen kann. Was zur Kunst gehört und den gestaltenden Funktionen nebst ihren Wertsetzungen entspricht, ist somit ein Diesseits des Schönen, ein Jenseits des Häßlichen. Oder zusammenfassend: der konkrete Wert der Einzelkünste ist der allgemeinen Wertdualität Schön Häßlich schlechthin entrückt.

Nach diesem Vorstoß in das dunkelste Problem der Philosophie der Künste, in das Problem der Entstehung eines ästhetischen Wertes aus der artistischen Funktion, begeben wir uns zu Florenz, zu Michelangelo zurück. Seine Statuen boten den Anlaß, den Formbegriff der Plastik von seinen illegitimen Spielarten zu unterscheiden. Dadurch war ein zuverlässiges und objektivierendes Maß für unser Verhalten gewonnen, — nicht darauf beruhend, daß man einen Künstler gegen den andern ausspielt, um sich dabei in nutzlosen Vergleichen und Verhältnismäßigkeiten zu erschöpfen. Vielmehr finden wir die artistische Funktion jedem menschlichen Ich, jeder Person als solcher durchaus übergeordnet, und verschaffen uns dadurch einen Vorteil der sich gerade hier wohltätig bemerkbar macht. Denn wir lernen dadurch verstehen wie ein Individuum, ausgerüstet mit vervielfachten Fähigkeiten, mit entschlossenem Ernste und gedrängter Intensität des Erlebens, mit ausgebreitetsten technischen Kenntnissen, produktiver Sinnlichkeit und gegenständlicher Einbildungskraft, mit grüblerischer Neigung und philosophischer Tiefe.., dennoch hinter den letzten Möglichkeiten seiner Kunst zurückbleiben kann. Viele, die ein paar seltene Namen zu verehren, ja gewissermaßen zu heiligen und zu vergöttern gewohnt sind, werden sich sträuben auch hier kritisch zergliedernd zu verfahren. Denn es ist bequem, sich aus der Relativität menschlicher Taten, Zustände und Werke hinaus zu retten, indem man einzelne geschichtliche Erscheinungen durch ein Machtwort dem Urteile entzieht und nach dem bekannten Verfahren der Maori das tabu über sie ausspricht. Eines der Sache entliehenen Wertmessers entbehrend, läßt man diesen gleichsam durch die historische Gestalt vertreten, oder, wie man das mit der griechischen Antike erlebt hat, durch eine ganze geschichtliche Epoche. Die Gefährlichkeit eines solchen Ersatzes verbirgt sich freilich nicht lange. Ist man zuerst Heldenverehrer, weil das Werk des Künstlers als Erfüllung der Wünsche und Ansprüche, die man einer Produktion ansinnt, dankbar aufgenommen wird, so kehrt sich unversehens dieser Sachverhalt später um: nicht mehr das Werk rechtfertigt den Künstler, sondern der durch seinen Ruhm erhobene Künstler rechtfertigt das Werk. Der Wert des Werkes wirkt auf die Person des Urhebers zurück, diese mit seiner Essenz gleichsam sättigend und durchtränkend; und wenn dies geschehen ist, gilt die Person als Ursache des Wertes ihrer Werke. Das Urteil sucht sich die Unsicherheiten und Irrtümer eines langwierigen Fahndens nach wertvollen Dingen zu ersparen, indem es die Werke bestimmter Menschen für wertvoll erklärt, einfach weil sie von ihnen und keinen andern herrühren. Eine der praktischsten Abkürzungen des Verhaltens, die es gibt, und bei der es Ungezählte dauernd aushalten. Es ist sogar zu fürchten, daß sich für den Spießbürger die Bedeutung des „klassischen" Werkes darin erschöpft, von einem Urheber zu stammen, der sich jenseits kritischer Bedenklichkeit befindet. Dieses Drama ist von Sophokles oder Shakespeare: folglich ... Dieser Gedanke steht geschrieben in der Kritik der reinen Vernunft, Seite soundsoviel: folglich ... Jetzt genügt ein großer Name um Einwände zu Boden zu schlagen. Der Name ist Feldgeschrei und Drohung gegen den vermessenen Spätling, der von den Spuren des Helden abzuweichen gedenkt. Und der große Mensch wird Schutzgott für Engherzigkeit, Fanatismus, Rechthaberei, Unduldsamkeit, die jederzeit auf dem Sprung sind hervorzubrechen. Derselbe Trieb, der in Religionen die unfehlbaren Instanzen einsetzt, ein menschgewordenes Dogma, gegen das es keine Verwahrung gibt, ist hier bemüht den Mangel einer objektivierten Wertvorstellung auszugleichen durch den Kult der artistischen Person. Man hat vieles darüber geschrieben, was Leben und Geschichte ihren Helden alles verdanken. Es wäre zeitgemäß sich auch einmal darüber zu verbreiten, wieviel frisches Vorwärtsdringen durch sie verzögert und aufgehalten wurde, wie sie das Urteil von Jahrhunderten geblendet, gangbare Wege verrammelt, Entwicklungsmöglichkeiten verkümmert haben, wie ihre Glaubenssätze fortlebten in dumpfen Köpfen, die nicht durch rastlose Produktivität, durch geistige Spannkraft und unzerstückte Ganzheit des Wesens für die Mängel ihrer Vorzüge entschädigen konnten.

Einem reiferen Stadium der Betrachtung wird es also geziemen im Künstler die künstlerische Funktion ergründen zu wollen, die zwar nicht ohne ihn wirksam ist, aber einmal in ihm wirksam geworden, ohne ihn und über ihn hinaus gilt und ihre eigenen Gesetze und Regeln besitzt. Da weder das Individuum an sich eine überindividuelle Bedeutung beanspruchen darf, noch eine absolute Norm Schön Häßlich nachzuweisen ist, so bleibt nur der in die Leistung eingesenkte Wert, der Begriff der artistischen Tätigkeit, der über das Ich des einzelnen Künstlers wie über den Zeitquanten des geschichtlichen Ablaufes beharrt. Diese artistische Tätigkeit kann man begrifflich sehr wohl von dem tätigen Subjekte wie von dem Produkte trennen, das durch sie hervorgebracht wird. Denn sie bleibt eine immer wieder vollziehbare, wenn das Ich des Künstlers und sein Werk einmalige Fakta sind. Ihre funktionale Bestimmtheit, ihre gesetzmäßige Struktur bleibt dieselbe, wie oft auch ihr Träger und ihre Produkte wechseln und wie veränderlich individuell deren Beschaffenheit sein mag. Etwa wie auch die mathematische Funktion des Sinus oder Kosinus als Verhältniswert vollkommen gleichgültig ist gegen die metrischen oder stereometrischen Beschaffenheiten der Dreieckseiten, deren Beziehung sie ausdrückt. Der Sinus bleibt das Verhältnis der Gegenkathete zur Hypotenuse im rechtwinkligen Dreieck, ob dieses groß oder klein, gleichschenklig oder ungleichschenklig, eben oder sphärisch ist. Ebenso ewig beharrt der Sinn, der Begriff, der Gehalt der artistischen Funktion, sei der Künstler mittelmäßig oder genial, antik oder modern, Quattrocentist oder Impressionist, sei die Hervorbringung dem Geiste der Funktion angemessen oder zuwider. Die Forderung, mit den Organen und Instrumenten der artistischen Tätigkeit einen ihnen entsprechenden Wahrnehmungszusammenhang zu erzeugen, schwebt unzerstörbar über jedem Akte der künstlerischen Produktion. Sie ist jenes „Allgemeinere", für welches die Person des Künstlers nur die Gelegenheit ist, wie Marées einmal schreibt. Sie erlischt nie, vergeht nie, auch wenn sie in unendlich vielen Kunstwerken verwirklicht würde. Unersättlich erhebt sie sich nach jedem vollendeten Werk von neuem, weshalb das Leben des echten Künstlers nie abgeschlossen, nie fertig erscheint. Denn er identifiziert seine individuelle Existenz mit der unendlich realisierbaren Funktion, obwohl er ahnt, daß jene immer nur hinfällig, unzuverlässig, vieldeutig und unzugänglich sein kann gemessen an dem Inhalt, dem Sinn des von ihm erwählten Tuns.

Das alles angewandt auf unseren Fall will besagen, daß man berechtigt ist sich zu einer Reihe von Bildwerken kühler und abschätziger zu verhalten, als es ein herkömmlicher Enthusiasmus will. Wo sich der Künstler fundamental vergeht gegen den Geist seiner Produktionsart, kann auch die tiefste Innerlichkeit und Beseelung nicht mehr jene restlose Besitzergreifung des Kunstwerkes erzwingen, die schließlich für den Nichtkünstler das Ziel des ästhetischen Erlebens ist. So daß freilich bei Michelangelo die Frage entsteht, ob denn in seinem großen plastischen Kosmos nicht eine Zahl von Werken zu finden sei, die von dem Widerstreit gegensätzlicher Darstellungstendenzen verschont geblieben sind.

Tatsächlich haben wir eine Reihe von Arbeiten noch nicht berücksichtigt. Es sind die, die der Künstler aus inneren oder äußeren Gründen nicht fertiggestellt hat. Sie bilden in seinem Schaffen ein so bedeutsames Bereich für sich, daß sie eine besondere Würdigung erheischen.

Wenn von den unvollendeten Arbeiten eines Meisters die Rede ist, kann man sich mehreres darunter vorstellen. Unvollendet ist beispielsweise die Skizze, die zu einer Plastik, zu einem Gemälde gemacht wird. Unvollendet, weil unausgeführt, und doch manchmal in einem tieferen Sinne vollendet wie das fertige Werk. Denn es ist möglich, daß die Skizze den Schwung der Inspiration, der augenblicklichen Eingebung, unmittelbarer und bezwingender zur Wirkung bringt als das ausgeführte Werk, das Ergebnis überlegender Organisation, langwierig bewußter Entstehung. Natürlich muß die Skizze nicht reizvoller sein als die fertige Malerei oder Statue. Gerade die Arbeit, die das Unmittelbare des ersten Wurfes zerstört, vermag andere Vorzüge, wie die reife Ausgleichung und Abwägung der Teile, die Ausscheidung aller Zufälligkeit, die materielle Durchbildung usw. darzubieten.

Indessen handelt es sich bei Michelangelos unvollendeten Werken nicht um Skizzen. Sie sind unausgeführt, aber nicht weil sie Vorstufe einer anderen Darstellung sind, die sich hier ein allgemeines Schema der Anlage des Ganzen, ein Ungefähr des Geplanten versinnlichen wollte. Sondern es sind Werke, deren Fertigstellung in einer gewissen Phase unterbrochen wurde. Sie sind nicht absichtlich unausgeführt wie die Skizze, die ja eigentlich als solche ausgeführt ist und nur im Hinblick aufs Werk, dessen Vorlage sie ist, unvollendet erscheint. Michelangelo hat vielmehr an ihnen nicht weiter arbeiten wollen, obwohl sie im Gegensatze zur Skizze so angelegt waren, daß einer letzten Ausführung nichts anderes im Wege stand als der Entschluß des Künstlers, nicht mehr mit der Hand daran zu rühren. Was ihn dazu bewegen mochte ließe sich höchstens von Fall zu Fall ausmachen. Jedenfalls sind es nicht nur geschäftliche, politische und persönliche Verdrießlichkeiten gewesen. Ob man innere und artistische Gründe vermuten darf ergibt sich vielleicht aus unseren ferneren Betrachtungen.

Es liegt nahe, bei den zahlreichen unvollendeten Statuen des Florentiners an die Unvollendung eines Deutschen, an Marées, zu denken. Wie sich das Fragmentarische bei beiden Künstlern im Urteil unserer Gegenwart ausnimmt, wäre vielleicht folgendermaßen darzustellen: Wo Marées nach seiner Überzeugung das Werk vollendet, verdirbt er es. Das Stadium des Reifseins war da, wird aber vom Künstler nicht geachtet oder für unzulänglich befunden. Eine dumpfe Leidenschaft, den Grad der künstlerischen Organisation immer weiter zu treiben, zwingt zu immer wiederholter Übermalung mit Firnißfarben, bis jene bekannten Reliefs auf Holzgrunde entstehen, durch die der durchschnittliche Betrachter so lebhaft abgestoßen wird. Wer Pidolls Berichte über Marées' Arbeitsweise kennt, wird sich gerne die Ansicht aneignen, daß die Dreiflügelbilder den Augenblick einer nicht mehr zu steigernden Vollendung hatten, die aber dem Künstler aus unbegreiflichen Gründen nicht vollendet genug erschien. Ein Werk wie das Parisurteil, dessen Mittelfläche die drei Göttinnen in verschiedenen Zuständen der malerischen Verwirklichung zeigt, könnte sogar Pidoll recht geben, so aufregend geheimnisvoll ist der Eindruck der rechten, rostrot untermalten Gestalt. So daß man zu der Annahme versucht wäre: wo Marées decke und ausführe, schädige er die Vollendung, wo er dagegen die Übermalung rechtzeitig abbräche, vollende er. Und man hätte einen Kontrast zu Michelangelo. Denn dieser scheint gerade da, wo er auf Ausführung verzichtet, das Werk auf einer Stufe zu lassen die von der Vollendung genau so weit entfernt ist wie von der letzten Überarbeitung. Oder mit etwas andern Worten: Michelangelos Konzeption tritt erst bei peinlichster Durchbildung des Ganzen und seiner Einzelheiten tatsächlich in Erscheinung. Als Künstler im höchsten Begriffe entwirft er das Werk so, daß es nur durch die äußerste Durcharbeitung zur Anschauung bringt, welche Fülle von plastischen Werten darin eingeschlossen werden. Während Marées bei zunehmender malerischer Verwirklichung die ursprünglichen Mängel seiner Eingebungen offenbart, fordert umgekehrt die Konzeption des Florentiners die letzte technische Ausnützung des Steines, um in ihrer ursprünglichen Sicherheit, Bestimmtheit und Makellosigkeit gewürdigt zu werden. Marées hinterläßt Ruinen, weil er den Prozeß der Darstellung zu spät, Michelangelo hinterläßt Torsi, weil er ihn zu früh abbrach. Der eine fehlt schon bei der malerischen Inspiration, weil er einen Zusammenhang entwirft, der auf die begonnene Weise gar nicht fortzusetzen ist, der andere fehlt höchstens durch Ungeduld, die nicht bis zum wohlgefälligen Ende ausharren kann. So ungefähr würde sich wohl die landläufige Meinung vernehmen lassen, wenn es über derartige Fragen landläufige Meinungen im teuern Vaterlande gäbe. Indessen verhält es sich in Wahrheit umgekehrt. Wie es mit der sogenannten Unvollendung bei Marées beschaffen sei, hat Meier-Gräfe in seinem Werke, in dem die Kunsterfahrung von Jahrtausenden niedergelegt ist, mit erwünschter Deutlichkeit dargetan. Daß sich dieser Künstler über das Maß von fertig und unfertig, von vollendet und ausgeführt, in einem unverhältnismäßig höheren Grade klar war als seine Schüler und Kritiker, ist bei seinem außerordentlichen Verstande unzweifelhaft. Freilich waren Marées' Begriffe von einer zufriedenstellenden malerischen Materialisation von allen ähnlichen Begriffen dieser Art verschieden. Er suchte eine ästhetische Wirklichkeit des Kunstwerkes, die sich von einer Wiederholung der Natur ebenso weit entfernte als sie deren sinnliche Eindrücklichkeit zu erreichen trachtete. Die höchste Abstraktion von der Natur sollte an lebendiger Wirklichkeit mit der Natur wetteifern, — ein Ziel, das durch Fiedlers Begriff der sinnlichen Abstraktion vorzüglich gekennzeichnet wird. Und vermutlich ist noch niemals die Erkenntnis, was in der bildenden Kunst zu tun sei, so sehr mit dem Vermögen eins gewesen, sie in Leistung umzusetzen. Marées verwandelt seine wachsende Erkenntnis in bildnerische Produktion, die Werke vollenden sich im artistischen und technischen Wortverstande genau in dem Maße als das Bewußtsein des notwendigen Zieles sich klärt, hellt und bestimmt. Eine Bestätigung des kostbaren und einsichtsreichen Wortes von Delacroix: das größte Genie ist eben nichts anderes als ein hervorragend vernünftiges Wesen. Wo ein Bild tatsächlich unfertig bleibt, wie das Parisurteil, ist es, weil der letzte Grad von abstrakter Versinnlichung nicht gleichmäßig zu erreichen war, nicht weil der Künstler sinnlos daran weitergemalt hätte. Wenn hier die Energie eines Künstlers und Denkers zu hellsichtiger Gestaltung fortschreitet, so bleibt hingegen bei Michelangelo vieles ungewiß und anscheinend zufällig. Es liegt kein Grund vor, ihm eine ähnlich durchdringende und kritisch bewußte Verstandesarbeit zuzugestehen wie dem Deutschen. Das wenige was von Michelangelos Gedanken über Kunst berichtet ist gibt keinen sehr hohen Begriff von seinen ästhetischen Überzeugungen. Justi teilt einen Bericht des Benedetto Varchi mit, der über eine so grundlegende Frage wie den Unterschied von Malerei und Plastik Michelangelos Meinung wiedergibt. „Ich sage, daß die Malerei mir um so höher geschätzt zu werden scheint, je mehr sie sich dem Erhobenen nähert, und das Erhobene um so geringer, je mehr es sich der Malerei nähert, und daher pflegte mich zu dünken, daß die Skulptur die Leuchte der Malerei sei, und daß der Unterschied zwischen beiden sei wie der von Sonne und Mond." Wenn aus dieser Äußerung auch hervorgeht, daß Michelangelo nichts weniger als ein Anhänger der malerischen Plastik war, wie sie Hildebrand vertritt, so ist hier ein ästhetisches Grundproblem doch eher verwirrend als aufklärend behandelt. Man kann vermuten, daß Michelangelos tiefster Instinkt ein plastischer, kein malerischer war, aber man darf nicht erwarten, eine so einfache ansteigende Kurve in seinem bildnerischen Schaffen zu finden wie bei dem deutschen Künstler. Die Begriffe fertig und unfertig sind hier kaum so eindeutig wie dort. Fertig ist nicht, was das Höchstmaß von sinnlicher Wirklichkeit bei vollkommenster Anpassung an die abstraktiven Forderungen des artistischen Vorganges besitzt. Im Gegenteil. Die Werke, die uns Heutigen plastisch vollendet erscheinen, sind die technisch unfertigen. Was sich bei Marées als Vorurteil herausstellte ist bei Michelangelo Tatsache: das unausgeführte Werk ist mehrmals artistisch am Ziele, das ausgeführte jenseits des Zieles. Ich berufe mich auf eine der Statuen in der Cappella Medici, die das überzeugend versichtbart. Bei der unausgeführten Madonna mit dem Kinde ist alles Notwendige an Form vorhanden, — und n u r das Notwendige. Die Gegenwirkung zweier Körper, der „contrapposto" der sich leicht herabneigenden Mutter und dem leidenschaftlich nach aufwärts gereckten Kinde, beherrscht die Gruppe durchaus. Was in der Skulptur so sehr selten gelingt, nämlich aus zwei Körpern eine G r u p p e, das heißt eine Einheit im Raume zu machen, ist hier wunderbar geglückt. In welchem Maße zeigt der Vergleich mit der römischen Pietà. Bei ihr zerfällt der von der Gruppe eingenommene Raum in zwei Räume. Die sitzende Gestalt der Mutter mit ihren faltig gebauschten Gewändern und die nackte Leiche des Sohnes sind zwar durch die Funktion des Tragens und Getragenwerdens aufeinander angewiesen. Aber das Auge kümmert sich nicht um die Tatsache dieser Funktion, die durch die Dualität des Raumbildes für die Anschauung wieder aufgehoben wird. Vielleicht deswegen, weil sich die Last der Leiche und damit die funktionale Leistung des sitzenden Weibes so gar nicht in Stellung und Haltung der Mutter auswirkt. Bei der Madonna in San Lorenzo hingegen ziehen sich die beiden Leiber von Mutter und Kind mächtig an und gerade der Mangel nachahmender Einzelheiten läßt die körperliche Bewegung, den dynamischen Vorgang bestimmend hervortreten. Die

Pietà zeigt zwei Körper in zwei plastisch erfüllten Räumen, die florentinische Madonna zwei Körper in einem Raume. Das Problem der Gruppe, eines der sublimsten der ganzen Bildhauerei, ist in diesem Falle rein gelöst. Seltsamerweise sind es später abermals zwei unvollendete Werke, in denen Michelangelo die Gruppe zu räumlich überzeugender Vereinheitlichung brachte. Ich meine die Grablegung in Santa Maria del Fiore zu Florenz und die Pietà Rondanini in Rom.

Aber die Tatsache, daß die Madonna mit dem Kinde eine Gruppe in dem strengen Begriffe „einer Mehrzahl von Gestalten innerhalb eines einzigen plastischen Raumes" ist, zeichnet diese Skulptur nicht allein aus. Sie ist nicht nur Gruppe, sondern abgesehen davon ist sie ein ganz anderes Raumgebilde als die übrigen Figuren der Kapelle. Denn sie gehört unzweideutig zu jenen Werken, in denen Michelangelo die flächenhafte Plastik tatsächlich überwunden hat, die ihm, der ursprünglich von der Malerei herkam, früher so gefährlich war. Ihre räumliche Organisation weist auf ihre vorzüglich plastische Bestimmung hin, vom Betrachter umgangen zu werden. Das geht aus der Haltung des einen Armes hervor der sich auf den Sitz stützt. Erst durch seine Anschauung wird die Körperhaltung der Gestalt und die Lagebeziehung der Mutter zum Kinde begreiflich. Dieser Arm ist nicht grundsätzlich, das heißt aus Mangelhaftigkeit der bildnerischen Anlage unsichtbar, wie der linke Arm, das rechte Bein der Nacht. Sondern er ist nur durch die schlechte Aufstellung der Statue nicht leicht bemerklich. Blindlings hat man diese Gruppe so hingestellt, als ob sie nur eine Hauptansicht darböte wie die übrigen Skulpturen der Kapelle, obwohl die durchaus kubischen Eigenschaften der Statue schon häufiger festgestellt und hervorgehoben wurden. Wie stark sie als ein Körper, nicht als körperhaft vertiefte Fläche gefühlt ist, zeigt vielleicht am wirksamsten die kleine Skizze in Terrakotte.

Es ist gewiß, daß jede weitere Ausarbeitung des einzelnen dieser Gruppe nur geschadet hätte. Sie ist also vollendet in dem einzigen Sinne in dem ein Kunstwerk so heißen kann. Das heißt natürlich nicht, hier sei etwa das Detail flüchtig behandelt und dadurch der Eindruck eines genialischen Wurfes hervorgebracht. Der Naturalismus wird gewiß nicht dadurch umgangen, daß der Artist auf Durcharbeitung der Einzelform verzichtet und mit einer Art von oberflächlicher Virtuosität eine gültige Produktion vortäuscht. Ein Klang wird nicht einheitlich, harmonisch und reich, wenn man die Partialtöne unterdrückt oder schwächt, aus denen er sich zusammensetzt. Es ist die Aufgabe der musikalischen Konsonanz, solche Partialtöne zu wählen die untereinander akustisch verwandt sind und bei ihrem simultanen Anschlage mit gleichen Wellen schwingen. Dementsprechend liegt die Schwierigkeit für den Plastiker in der richtigen Auswahl des Details und in seiner Fähigkeit, die Einzelformen in eine Gesamtform so einzuschmelzen, daß sie als Detail nicht wahrgenommen, aber als Bereicherung der ganzen Vorstellung empfunden werden.

Freilich darf man nicht verhehlen, daß auch die Madonna Michelangelos einen Fehler in der Konzeption aufweist, der möglicherweise den Künstler bewogen hat die fernere Beschäftigung mit ihr aufzugeben. Da das linke Bein, auf welchem das Knäblein reitet, übers rechte geschlagen werden mußte, würde der fertig gemeißelte und seiner vorläufigen Stütze beraubte Fuß in den leeren Raum ragen und so den geschlossenen Umriß der Gruppe nach vorn jäh unterbrechen. Aus der Skizze wird nicht deutlich, wie sich Michelangelo das vorgestellt hat, da leider der fragliche Fuß an ihr abgeschlagen ist. Es scheint nicht ausgeschlossen, wenn ich hier eine Vermutung wagen darf, daß später bei der Ausführung in Stein dieser vorstehende Fuß vom Künstler störend empfunden wurde. Die räumliche Verdichtung der beiden Körper ist eine so starke, daß man beinah sagen kann: zwei Gestalten sind hier auf ihre Rümpfe vereinfacht. Der rechte Arm der Mutter ist am Oberkörper angeschlossen, der linke ans Kind geschmiegt, dessen Arme und Beine den strenge zusammengezogenen Kontur nirgends durchbrechen. Der frei ausgehauene linke Fuß des Weibes würde aber diese gedrängte Organisation unten gestört, die Wirkung der mächtigen Pressung beeinträchtigt haben. Sollte diese Vermutung zutreffen, so würde sie abermals das Urteil Delacroix' bestätigen: „es ist mehr als wahrscheinlich, daß seine Konzeption unbestimmt war, und daß er für die Entwicklung seiner Idee zu sehr auf die Eingebung des Augenblicks rechnete." Welchem Urteil sogar Justi unbeabsichtigt beistimmt, wenn er der Marmorschwärmerei des Künstlers schuld daran gibt, „die Rolle der vorbereitenden Prozeduren in andern Stoffen möglichst abzukürzen". Rodin oder ein anderer moderner Bildner würde den ausgemeißelten Fuß einfach im Stein gelassen haben. Michelangelo hätte das kaum gewagt. Seiner Vorstellung von Fertig entsprach wohl nur der frei ausgehauene Fuß. Aber er hätte in die Umgrenzung des Blocks nicht hineingepaßt.

Zu den unvollendeten Werken hohen Ranges scheinen mir der früher Apollon genannte David, der Brutus und die vier Prigioni zu gehören. Sie alle sind in verschiedenen Graden unfertig; von dem Brutus, dem jeder Meißelschlag nur hätte verhängnisvoll werden müssen, bis zu den angehauenen Blöcken der Gefangenen, die seit ihrer neuen Aufstellung in der Akademie eine Anschauung davon geben, wie Michelangelo die Figur aus dem Steine löste. Der Brutus sieht aus als hätte sich der Künstler selbst gescheut, den Prozeß der formalen Entwicklung noch weiter zu treiben. Man denke sich das Massiv dieses prächtigen Schädels, dessen Verhältnisse, Ausladungen und Buchten so scharf bestimmt, so befestigt sind, etwa von weitergehenden Details bedeckt. Streng genommen könnte man zwar auch hier wieder an eine Voreiligkeit des Entwurfes denken. Der äußerste Punkt des Schädels in der zum Betrachter interessantesten Richtung ist eigentlich das Ohr, also das plastisch fragwürdigste und paradoxeste Organ am menschlichen Kopfe. Es ist möglicherweise eine Selbsthilfe, wenn Michelangelo die Naturform dieses Organes unterdrückt und so dem heutigen Beschauer den Eindruck einer höchst notwendigen Vereinfachung, ja Rückbildung übermittelt. Jetzt spricht der Schädel als Ganzes, als Umriß und als Wölbung. Das gleiche gilt vom Haare. Jede subtile Durchbildung desselben, und sei sie noch so sehr stilisiert à la Moses, brächte die Form, den Umfang des Kraniums um seine Wirkung. Der Kopf des Brutus ist gleichsam ein edles Gehäuse; seine Knochen, Knorpeln und Bindegewebe bedürfen keines oberflächlichen Ornamentes, um plastisch bedeutend zu erscheinen. Jedenfalls ist ein Zustand nicht vorstellbar, der die Wucht dieser Büste irgendwie vervielfache. Der gegenwärtige Betrachter muß das, was den Zeitgenossen des Künstlers technisch unfertig zu sein dünkte, für artistisch vollendet erachten.

Ähnliches ließe sich über den David im Bargello wie über die Torsi der Gefangenen sagen. Aus letzteren hat man übrigens während ihrer Aufstellung im Boboligarten Schlüsse über das Arbeitsverfahren Michelangelos gezogen, die sich vielleicht heute, wo man sie in der Akademie von ihrer Tropfsteinumrahmung befreit sieht, nicht mehr aufrecht erhalten lassen. Man glaubt, diese angehauenen Blöcke als Beweise ausspielen zu dürfen für die Gewohnheit Michelangelos, die Gestalt wie ein Relief von der vorderen Seite her durch allmähliche Vertiefung aus der Urform des Steines herauszuholen. Ich will nur beiläufig bemerken, daß man aus derartigen Gepflogenheiten niemals Gesetze für die Plastik und für ihren Raumbegriff ableiten kann. Denn selbst gesetzt, der Bildhauer verfahre dem Steine gegenüber gleich, ob er eine Rundplastik oder ein Relief aushauen will, so würde aus dieser Tatsache noch lange nicht folgen, daß die Rundplastik nur ein zu Ende gebrachtes Relief sei. So wenig die geschichtliche Tatsache, daß das Relief aus der Umrißzeichnung entstand, dieses zu einer zeichnerischen oder malerischen Kunstgattung macht, sowenig beweist der technische Ursprung der Rundplastik etwas über ihre räumlich ästhetische Bedeutung. Die Technik des Steinhauens könnte ja eine solche an die Fläche gebundene Unvollkommenheit des bildnerischen Verfahrens bedingen, besonders in primitiven Zeitaltern, wie beispielsweise bei den ionischen Griechen. Aber niemals wäre aus der mechanischen Schwierigkeit, den Stein von allen Seiten her fortschreitend zu behauen, der Schluß Hildebrands abzuleiten. Der Stein ist nur ein Material der Skulptur, und zwar weder das einzige noch das vorzüglichste. Der Begriff der Form, des plastischen Wertes, ist aber nicht bedingt vom Material, sondern dessen Auswahl ist umgekehrt bestimmt von dem Zielgedanken der bildnerischen Tätigkeit. Diese fordert für die Skulptur eine Materie, die eine dreidimensionale Entwicklung des Raumes zu geben gestattet: aber nicht eigens den Stein oder den Marmor. Die Form überwinde das Material, aber sie diene ihm nicht.

Dies aber beiseite gelassen, bezeugen die unvollendeten Arbeiten Michelangelos, daß sich die Instinkte des Bildhauers gegen die Ansprüche des Zeitalters, ja gegen das eigene ungeheure Wissen bäumten. Vielleicht hat er manchmal, wenn der Rausch der „bozza" vorüber war, die Eisen aus der Hand gelegt mit dem Gefühle, hier sei nichts mehr fertig zu machen: wenn auch keine Rechtfertigung dafür aufzufinden war. Die Form als das Ereignis der Kunst war da, die Form als eine äußerliche Übereinstimmung mit der Natur freilich nicht. Und die artistische Form erschien um so reiner und gültiger entwickelt, als jede Rücksicht auf die Naturform verschwand. Einem kalten und bewußt operierenden Denker hätte auffallen müssen, daß es so häufig Fehler und Flüchtigkeiten in der Konzeption waren, die die Fertigstellung gefährdeten. Der Schluß wäre nahegelegen, daß die erste plastische Eingebung schon so beschaffen sein muß, wie es die Logik der erstrebten Raumvorstellung, nicht aber die Logik der Natur und ihrer Nachahmung forderte. Jeder natürliche Körper kann sich gegen die andern Körper abgrenzen wie er will, die Zufälligkeit oder Gesetzmäßigkeit der entstehenden Raumvorstellungen ist dabei von keinem Belang. Hier dagegen war der Anspruch an besondere optische Eigenschaften der Begrenzung unerläßlich, und jeder Verstoß gegen sie rächte sich im Grade der fortschreitenden Ausarbeitung. Es war entscheidend, wie sich die Raumpunkte aufeinander bezogen, ob sie den plastischen Körper mit einer undurchbrochenen Begrenzungsfläche gleichsam wie mit einem Kokon umspannen, oder ob sie mit zufälliger Willkür in den vom Beschauer selbst eingenommenen Wirklichkeitsraum ragten. Die Summe der Punkte, die eine echte Plastik begrenzen, müssen wie ein geschlossener elektrischer Stromkreis leiten, das heißt, sie müssen das

Auge zu all den Bewegungen zwingen, die die Oberfläche des Körpers als ein stetiges, von der Umwelt isoliertes und in sich ruhendes Gebilde auffassen lassen. Es ist ersichtlich, daß Michelangelo gerade in seinen unfertigen Werken eine verheißungsvolle Bahn beschritt. Aus dem Widerstreit der Einflüsse, die er von der Skulptur und Philosophie der Antike, von den Plastikern des Quattrocento, von der Malerei und von der Poesie, von zeitgenössischen Doktrinen und Geschmacksrichtungen erfuhr, erarbeitet er sich langsam eine streng bildnerische Auffassung. Sie besiegt nicht einfach die Vergangenheit, aber sie taucht doch aus ihr empor. Wenn Michelangelo einmal äußert es sei ihm in seiner Jugend besser geglückt als im späteren Alter, so ist das nur bedingt richtig. Der Jüngling entschlug sich in seiner Produktion der inneren Stürme. Daraus konnte ein Werk entstehen wie der Kentaurenkampf, eine Manifestation der Bildhauerei von reinster Erfassung ihrer ästhetischen Forderungen. Aber daneben mochten die Madonna auf der Treppe oder die Bologneser Statuen entstehen, wie später der Bacchus, der David: Dinge voll schwerer Hemmungen und Antithesen, in welchen kein bildnerischer contrapposto, sondern eine Reihe von artistischen Konflikten zum Ausdrucke kam. Die Zeit, die dann auf die sixtinischen Fresken folgt, ist vollends ein Leben in Entwürfen. Aber wer die Linie etwa von den Prigioni bis zur Grablegung im florentinischen Dome verfolgt, kann den Aufstieg nicht leugnen. Ich habe vorhin die unvollendeten Arbeiten Michelangelos mit den unvollendeten Arbeiten Marées' verglichen und zu erhärten gesucht, daß hier aus entgegengesetzten Gründen nicht vollendet wurde — wenn man bei dem deutschen Maler diesen Begriff nicht lieber aufgeben will. Denkt man indessen an Marées letzte Malerei, an den Ganymed, und an die letzte (oder eine der letzten) Skulpturen Michelangelos, an die Grablegung, so drängt sich doch eine tiefere Gemeinschaft ihres künstlerischen Erdenwallens auf. Sie widmeten beide ihre letzten Kräfte der Darstellung einer Funktion, die sich einmal nach griechischer, das andere Mal nach christlicher Legende am Körper eines Jünglings vollzieht. Das Bild des Ganymed ist Sinnbild eines im Fluge nach aufwärts Gerissenen geworden. Michelangelo zeigt einen andern Jüngling, der als Leichnam schwer herabgleitet in die Arme eines Weibes das ihn stützt, wobei ihr ein Mann und ein junges Weib behilflich sind. Wo dort Adler und Mensch vereinigt das zentrifugale Ereignis des Schwebens mit hinreißender Glaubwürdigkeit ausdrückt, so hat hier der zentripetale Vorgang des toten Zurerdesinkens seine plastische Apotheose gefunden. Das allgemeine Raumbild der Gruppe Michelangelos ist aufrecht elliptisch, und wie man sagen könnte, läßlich symmetrisch, wofern sich die linke Seite in einem etwas gelockerten Gleichmaß zur rechten befindet. Die Gebundenheit der Glieder, die schon an der Madonna in San Lorenzo auffallend war, tritt auch hier stark hervor. Sie ist rechts so ernsthaft durchgeführt, daß eine stetige Kurve von fast geometrischer Reinheit entsteht. Die einzige Extremität der ganzen Gruppe, die den gezirkelten Umriß unterbricht, ist der rechte Arm des Jesus. Er dient dazu den Zusammenhang mit der knienden Gestalt der Maria Magdalena herzustellen. Der Verzicht auf jede vordringliche Expression der Gefühle, sogar bei der Mutter die die Legende die schmerzensreiche nennt, ist ein unbedingter. Keine Geste, keine Bewegung, als die der Vorgang an sich notwendig macht. Man vergleiche diese Maria mit der Maria der römischen Pietà, die eine schöne Geste gegen den Betrachter hin macht. Der Mann in der Kapuze ist seitlich etwas nach vorn gebeugt, um die Last des toten Körpers der knienden Mutter abzulassen. Matt und starr liegt, wie schon gesagt, der rechte Arm des Hinsinkenden auf dem (übrigens zu kleinen) Haupte und der Schulter des stützenden Mädchens. Es spricht sozusagen niemand ein Wort. Kein Schrei, sondern eine Stille. Alle sind unverbrüchlich schweigsam und erfüllt von ihrem augenblicklichen Tun, dem Stützen, Dagegenstemmen, Untergreifen. Drei eng geschmiegte Menschen erschöpfen ihr Dasein darin, einen Toten in halb aufrechter Lage zu erhalten, einen Toten, dessen Schwerkraft von keiner vitalen Bemühung mehr besiegt werden kann. Diese äußerste Hingabe an den Augenblick, diese Ausschaltung aller vergesellschaftenden Vorstellungen, Stimmungen und Gefühle, die nicht unmittelbar zu ihrer augenblicklichen Aufgabe gehören, verleiht den Gestalten einen tiefen und ewigen Ernst. Der Künstler hat der Verlockung widerstehen gelernt, seinem Bilden Aufgaben zu stellen, die nicht innerhalb des Bereiches plastischer Möglichkeiten liegen. Indem er nur an eine Gruppe, nur an ein Beisammensein von vier Menschen dachte, die durch die notwendigen Verrichtungen, durch den Liebesdienst des Ereignisses durchaus bestimmt werden, indem er sich ganz in die Grenzen seiner Mittel hielt, hat er zugleich diese Grenzen unendlich erweitert. Denn je resoluter der Artist entsagt, desto vieltöniger und geheimnisvoller erklingt sein Werk. Marées malte den im Fluge emporgetragenen Menschen. Diese fast sichtbare, jedenfalls aber dem Betrachter suggestiv aufgenötigte Vorstellung des Schwebens ist eine ungesuchte und unbeabsichtigte Symbolik des Aufschwunges, in welchem der Mensch nach einer uralten und verräumlichenden Deutung seines Seelenlebens das Niedere und Flache verläßt um die Höhe zu erobern, vieles unter sich zu lassen und unter sich zu sehen — gewiß nicht nur den heulenden Hund des Ganymed und sonstige bellende Tiere .. Das Sinnbildliche, Symbolische liegt hier unmittelbar im räumlichen Geschehen selbst, das an sich schon Gedeutetes, Deutsames einschließt. Denn alles Fliegen und Aufwärtsschweben bleibt ein Mythos; für uns Heutige, die wir es als technisches Problem gelöst finden, nicht weniger wie für den antiken Menschen. Noch birgt dieser Vorgang denselben Reichtum an produktiven Einbildungen wie ehemals. Noch ist jeder Flug Sinnbild eines Aufstieges in die freiere und leichtere Region, eines Gewinnes an Einsamkeit und infolgedessen an Herrschaft über sich, an Vertrauen zu sich und an Können, endlich einer vollzogenen Distanz zwischen sich und der Erde, zwischen sich und den Menschen. Genau nun wie Marées in dem Ganymed fand Michelangelo in der Grablegung ein durchgängig bildhaftes Ereignis, wo die räumliche Wahrnehmung schon als solche voller Bedeutungen ist. Seiner nüchtern und kalt gewordenen Optik gelingt es ein im Raum bewegliches Dasein zu packen, das gewissermaßen ein Exponent metaphysischer Begriffe ist: das Steigen und Fallen, Gehobenwerden und Niedersinken, Leben und Sterben, den vitalen Antrieb und die Schwere, die Freiheit und die Notwendigkeit, den Aufschwung und die Ermattung. Die beiden großen Künstler wenden sich zuletzt schlichten Legenden zu, weil diese in ihrer Armut des einmaligen Geschehenseins die unendlichen Analogien des Vorganges zur Empfindung bringen — die Mystik der menschlichen Tat, die vielleicht in einem noch unerforschten und ungedachten Sinne ewig ist.

Es ist der Beachtung wert, daß von Michelangelos Werken gerade die drei Entwürfe gar nicht oder nur bruchstückweise zur Ausführung gelangt sind, die auf einer Kombination der Plastik mit der Architektur beruhen sollten, — die beiden Grabmale und die Fassade von San Lorenzo. Der Traum von einer Vereinigung der Künste in einer Art von räumlichem Gesamtkunstwerk hat auch ihn, wie die ganze Wiedergeburt, berückt. Nichts ist interessanter wie dieses immer wieder auftauchende Vorhaben, zwei oder drei verschiedene Kunstgattungen zu einer Einheit zu verbinden, die ihrerseits ein Neues und Höheres, die Synthese einer Mannigfaltigkeit werden soll. Indessen darf man dieses Streben nach einem Gesamtkunstwerke nicht einfach verwechseln mit der vielberufenen Universalität der damaligen Künstler. Denn es ist durchaus denkbar, daß ein Artist mehrere Kunstgattungen könnend umspannt, ohne sich im geringsten auf den Plan einer Kombination einzulassen. Die wenigen Überbleibsel von Brunelleschis plastischer Betätigung gestatten immerhin den Rückschluß, daß dieser begnadete Architekt ein unbedingt sicheres Gefühl für die besonderen Ansprüche der Skulptur besaß, ohne daß seine Bauwerke die leiseste Neigung verrieten, den architektonischen Körper zu einer Folie für bildnerischen Schmuck herabzuwürdigen. Wenn einer, so hat er es bewiesen, daß man in zwei Künsten hervorbringend sein kann ohne an ein Amalgam der Kunstarten zu denken.

Was ist es aber, das die Kombination einzelner Kunstgattungen zu einem so problematischen Unterfangen macht? Es gibt doch im Grunde nichts Einfacheres, als zwei von Natur für einander bestimmte Arten von kubischen Raumkünsten, wie es Plastik und Architektur sind, zu vereinigen. Weder liegt etwas im Begriffe der Architektur, in ihrer Bestimmung und in ihrem Zweck, das die Skulptur von ihr ausschlösse, noch verbietet der Begriff der Plastik, daß sie sich mit jener zusammentun dürfe. Im Gegenteil. Wenn man die Werke der Bildhauerei nicht gerade in Wäldern und Wiesen „freilicht" aufstellen will finden sie nur in architektonischen Räumen Platz. Denn schon jeder Garten wäre ein architektonisch beeinflußtes Stück Natur. Aber gerade hier beginnt eine Schwierigkeit.

Es ist ein Unterschied, ob sich die Architektur darauf beschränkt dem Bildhauer die räumliche Umgebung für seine Produktionen zu bieten, oder ob eine Kombination der beiden Künste beabsichtigt wird. Wo man einen Platz, eine Anlage, eine Halle errichtet, um Statuen oder Hermen darin aufzustellen, kann doch von einer Kombination noch keine Rede sein. Architekturen, die eine Reihe von Gelegenheiten für bildnerische Ausschmückung enthalten, befinden sich noch durchaus diesseits einer Kombination. Keine Bauform scheint eine innigere Vereinigung der kubischen Raumkünste darzustellen wie der dorische Tempel. Und doch gibt es keine Architektur, die so rein nach konstruktiven Rücksichten aufgebaut wäre, ja wo teilweise noch die ursprüngliche Holzkonstruktion das entstandene Raumbild bedingte und beeinflußte. Giebelfelder, Metopen, Friese sind keineswegs aus der Absicht entstanden dem Bildhauer gefällig zu sein. Der dorische Tempel böte dasselbe grandiose Raumbild — siehe Paestum — wenn es nie eine griechische Reliefplastik gegeben hätte, da er bis in seine Einzelheiten beherrscht wird von den Mitteln seiner Errichtung, von Säule, Architrav und Dachgebälk, und von der Absicht einen architektonischen Formzusammenhang zwischen ihnen herzustellen. Wenn dann die Bildhauer die also entstandenen Flächen ausnützten um sie plastisch zu zieren, so ändert dies an der grundlegenden Tatsache so wenig etwas wie die ornamentale Bemalung des Steins. Selbst ein Schritt weiteren Entgegenkommens führt noch zu keiner organischen Verwachsung der Künste. Der Architekt kann bei seinen Entwürfen bewußte Rücksicht auf einen hinzuzufügenden bildnerischen Schmuck nehmen; aber was dieser Absicht entspringt, braucht noch keine Kombination von Bildhauerei und Baukunst zu sein. Solange der architektonische Körper in seiner Selbständigkeit bestehen bleibt, auch wenn die plastische Zutat wieder entfernt wird, solange liegt keine eigentliche Kombination vor. Es gibt ein sicheres Kriterium, in welchem Verhältnisse diese Künste zueinander stehen: ob man sie nämlich nachträglich wieder trennen kann oder nicht. Das heißt ob jede Kunst noch ein lebensfähiges Ganzes bleibt, wenn man sie aus dem Zusammenhang mit der andern wieder herausbricht; und ob man eine Statue, ein Relief örtlich versetzen darf, ohne daß dabei die Architektur an der sie befestigt waren, oder sie selbst, an Eigenwert verlieren.

Bei der wirklichen Kombination hört die Möglichkeit einer solchen Trennung auf. So daß unter dem plastisch-architektonischen Gesamtkunstwerk eine Vereinigung und Verschmelzung dieser Künste zu verstehen wäre, die keine nachträgliche Auflösung in ihre Bestandteile mehr duldet. Sehen wir zu, wie eine derartige Synthese sich ausnimmt und wie sie zu bewerten ist. Von vornherein scheint ja, wie ich schon sagte, nichts logischer als eine so beschaffene Kombination. Wir selbst ließen in den Abschnitten über die Architektur deren plastische Eigenschaften sehr stark hervortreten. Architektur als Kunst schien uns damals geradezu eine Art Plastik zu sein. Die Folgerung wäre nächstliegend, diese architektonische Raumplastik mit der eigentlichen Skulptur so zu amalgamieren, daß eine neue und synthetische Kunst daraus entstünde. Leider tritt hier aber der eigentümliche, wenn auch nicht seltene Umstand in Kraft, daß sich die beiden Künste gerade wegen ihrer Verwandschaft nicht anziehend sondern abstoßend verhalten. Die Architektur ist insofern eine Raumkunst als sie kubische Gegenstände sinnlich vorstellbar macht, genau wie die Bildhauerei. Aber wenn diese einen Raum hervorbringt, der sich durch die unbedingte Ausschließung aller übrigen nicht innerhalb seiner Oberflächenumgrenzung fallenden Örter auszeichnet, so will die Architektur im Gegensatze dazu einen Raum, der eine Mehrzahl von anderen Raumeinheiten einschließt. Die Skulptur ist also in dieser Hinsicht eine schlechthin ausschließende, folglich auch das architektonische Raumbild ausschließende Kunst; die Architektur dagegen eine einschließende Raumschöpfung. Es betrifft nur diesen selben Unterschied, wenn man behauptet, der Raum der Architektur sei ein konstruktiv bestimmter, von einem besonderen Nutzzwecke abhängiger, — das Raumbild der Plastik ein gänzlich nutzloses, nur von der artistischen Abstraktion der Form her bedingtes. Die Architektur bringt optische Raumsymbole von wirklichen Räumen hervor, die Plastik optische Raumsymbole allein. Denn was sie in ihrem Innern verbirgt ist für sie ebenso gleichgültig wie für die Architektur bestimmend.

Daraus läßt sich unschwer ableiten, daß die Architektur nur auf zweierlei Weise mit der Skulptur zu verbinden ist. Entweder sie bleibt ihrer Zweckbestimmung treu und errichtet nutzbare Raumeinheiten. Dann tritt der frühere unkombinierte Fall ein, daß an ihr die Plastik gelegentlich eine örtliche Unterkunft findet ohne ihrer Selbständigkeit als Einzelkunst zu schaden. Oder aber die Architektur gibt ihre wesentliche Existenz preis und erstellt nicht sowohl praktisch nützliche Räumlichkeiten, als vielmehr bloße Raumbilder im Sinne der Skulptur. Das letztere geschieht beim Denkmal, welches demnach als reinster Typus einer Kombination der Raumkünste zu würdigen wäre. Im Denkmal besitzt die Architektur kein eigenes Dasein mehr. Ein Sockel, eine Säule, die einer Statue oder Herme als Unterbau dienen, existieren nur im Hinblick auf die Skulptur, die sie zu tragen haben. Ihr Dasein wird sinnlos, wenn man das plastische Element von ihnen ablöst. Die Kombination mit der Plastik eingehend gibt sich die Architektur als „einschließende" Raumkunst auf. Eine Kombination beider Künste ist also nur möglich, wenn sich mindestens eine von ihnen aufopfert. Tatsächlich ist eine Architektur, die auf Errichtung von benutzbaren Raumeinheiten verzichtet, nicht mehr sie selbst. Sie ist ein konstituierender Bestandteil an einer Vereinigung von zwei Künsten um den Preis ihres Eigenwertes geworden. Die also kombinierte Architektur ist eine Spielart der Skulptur, nichts anderes. Wenn im Liede aus Klang und Wort ohne Unterdrückung dieser Elemente ein drittes und neues, nämlich Gesang wird, so entsteht beim Denkmal aus Bildhauerei und Baukunst kein Drittes und kein Neues. Die eine Kunst wird einfach Magd der andern. Beide gleichen einer Ehe, in der eins das andere herabdrückt, ärgert, in seinen wesentlichen Lebensgefühlen schädigt, und die obendrein noch kinderlos bleibt. Die kubische Erstreckung, die den wirklichen Raum abgrenzt um ein bewohnbares Inneres herzustellen, widersteht ihrer Vereinigung mit der kubischen Erstreckung, die lediglich ein Vorstellungswert zu sein beansprucht. So ist, was sich im Denkmale kombiniert, im Grunde gar nicht Architektur und Plastik, sondern eine architektonische Abart, eine durch Bastardierung gewonnene Halb- und Scheinarchitektur und Plastik. Daraus ist zu erkennen, wo jede Kombination schlechterdings unmöglich ist: nämlich überall wo die Architektur ihrer ursprünglichen Bedeutung treu bleibt.

Es war deshalb nicht angängig, Fassaden von Kirchen und Wände von Kapellen ihrer architektonischen Funktion zu entkleiden und sie als Einfassung, Stütze, Gerüst für die Plastik behandeln zu wollen. Eine Wand, sei es von innen oder von außen, ist ein konstruktiver Grundbestandteil des Baus. Sie dient der bewohnbaren Räumlichkeit als Schranke, dem Dach als Stütze, sie wird von Fenstern und Türen durchbrochen, die ihrerseits wieder notwendig sind; kurz, sie hat ihrer Bestimmung im Hause zu genügen. Sie nachträglich so umzubilden, daß sie lediglich um der Aufstellung plastischer Werke willen da zu sein scheint, heißt ihr eine doppelte Zweckbestimmung zumuten, die in sich widerspruchsvoll ist. Als Architektur empfängt die Wand ihre Regeln und Gesetze von Konstruktion und statischen Bedingungen, als skulpturaler Raum würde sie sie von den Absichten und Plänen des Bildhauers empfangen. Das Denkmal beweist zwar, daß man gewisse Teile der Architektur, wie profilierte Sockel, Säulen, Würfel, Obelisken, Vielecke von ihrem Zusammenhang lösen kann, indem man ihnen plastische Aufgaben anweist. Diese Loslösung ist aber nicht bei allen architektonischen Elementen angängig. Ihre außertektonische Verwendung findet eine absolute Grenze bei den Bestandteilen, auf die sich das Haus in seiner ursprünglichen Konstruktion gründet: die Mauern und das Dach. Deren Funktion ist eine derart unentbehrliche und wechselseitig bedingende, daß jeder andere Gebrauch von ihnen außer Frage bleibt. Den Anschein wecken, die Wand sei Schmuck oder Folie des Schmuckes, heißt täuschen, heißt mit dem nüchternen Ernst des wahren Sachverhaltes spielen. Die Baumittel, die für die architektonische Errichtung grundsätzlich bedingend sind, ertragen keine Einordnung in eine künstlerische Organisation von besonderer Art. Es sind wie gesagt in der Baukunst allerdings Bestandteile vorhanden, die einen plastischen und stereometrischen Eigenwert beanspruchen dürfen. Eine Säule kann als Zylinder, ein Sockel als Polygon, andere Körper können als Kegel, als Pyramiden usw. aufgefaßt werden. Sie verfügen über einen latenten Raumwert, der von ihrer architektonischen Funktion bis zu einem gewissen Grade unabhängig ist. So setzt man etwa, wie Goethe in seinem Garten, eine Steinkugel auf einen Steinwürfel, um an diesem Sinnbild mathematischer Urkörper eine ästhetische Freude zu haben. Gerade sie, die einen schwachen plastischen Formwert an sich besitzen, eignen sich zu einer Kombination mit der Skulptur im eigentlichen Denkmal vorzüglich.

Aber bei architektonischen Gliedern des Hauses, die außerhalb des baulichen Zusammenhanges nicht das mindeste Daseinsrecht haben können, die durch und durch Funktion und sonst nichts sind, endigt jede vernünftige Möglichkeit sie anderweitig auszunützen. Wie es in der Natur mehrere Einzelformen am menschlichen Leibe gibt, die ihren funktionalen Charakter allzu stark und einseitig ausdrücken um in der Plastik erfreulich zu wirken: so gibt es auch in der Architektur Teile, die keiner andern künstlerischen Organisation einzufügen sind. Wie dort etwa ein membrum virile in der

Erektion den Eindruck einer Statue empfindlich stören, ja vernichten würde, weil die Bestimmung dieses Organs eine ausgesprochen erotische ist und weil seine Form für die Anschauung gar nicht von seiner Funktion getrennt werden kann, — so lassen sich hier Mauer und Dach nicht an der architektonischen Struktur des Hauses entfernen, an der sie funktional teilnehmen, weil ihre Form mit ihrer technischen Bestimmung absolut eins ist. Die Wand erträgt ein Ornament, ein Relief, weil diese ihre architektonische Aufgabe nicht gefährden und beeinträchtigen können; aber sie erträgt es nicht, zum Gerüst für eine Statuensammlung herabgewürdigt zu werden.

Stimmen wir daher nicht in das übliche Bedauern und Wehklagen ein, daß die drei großen Entwürfe Michelangelos nicht oder nur in trümmerhafter Erscheinung auf uns gekommen sind. Denkt man an all das Geplante, was vom Juliusgrabe bekannt geworden ist, so muß man vermuten, daß zwischen den himmelstürmenden ersten Visionen des Bildners und den traurigen Resten in San Pietro in Vincoli doch ein logisches Verhältnis von Grund und Folge besteht. Wenn schon die Zeitgenossen jene Aufstellung von Fragmenten verurteilten und wir diesem Urteile nichts hinzuzufügen haben, so sind heute die Zweifel sehr berechtigt, ob nicht schon der Entwurf so angelegt war, daß diese barbarischen Trümmer aus ihm hervorgehen m u ß t e n. Vergegenwärtigen wir uns die Federskizze aus dem Jahre 1513, die so ängstlich und zaghaft hingezeichnet ist und trotzdem so mißratene Eingebungen verrät. Eine vordere Wand, strotzend von Nischen, Muscheln, Konsolen, Gesimsen, Hermen, Putten, Tafeln, Pilastern, eine Wirrnis von architektonischen und plastischen Vorwürfen, die das abstrus verschlungene Schema der sixtinischen Decke noch übertrumpft. Hier sind im ersten Geschosse gefesselte Sklaven aufgestellt, unmittelbar hinter ihnen ragen die Köpfe von Karyatiden ungefähr als ob sie von jenen auf dem Buckel gehutzelt würden. Vierzig Statuen hat Michelangelo auf solche Wände verteilen wollen, eine Mythologie von Vittorien, Engeln, Aposteln, Propheten, antiken Helden, Sklaven, Allegorien der Künste, der Tugenden und Gott weiß was. Die architektonische Fläche der Wände sollte verschwinden hinter dieser marmornen Last von Skulpturen und Dekorationen. Aber es ist nicht schwer sich davon zu überzeugen, daß dieser Zusammenhang der Figuren ebensowenig ein räumlich begreiflicher wäre als es bei der heutigen Aufstellung der Fall ist. Eine Art von mythologisch philosophischer Lebensgeschichte des zweiten Roverepapstes bis zur Auferstehung seines Leibes, durch Engel gen Himmel getragen, hätte den Mangel einer sinnlich überzeugenden Raumanordnung ersetzen sollen. Dieselben Tatsachen also, die das heutige Grab als Ganzes unansehnlich und artistisch unmöglich erscheinen lassen, würden nur gesteigert zu empfinden gewesen sein. Der Grundgedanke der Kombination: plastische Gestalten in die Nischen einer Wand zu setzen, wäre weder gemildert noch durch einen andern ersetzt worden. So daß der Einwand einer unzulässigen Vereinigung zweier unvereinbarer Kunstgattungen, der heute gegen die Gräber in San Pietro und in San Lorenzo zu erheben ist, vor den nach dem Entwurfe ausgeführten Werken nicht verstummt wäre. Was jetzt abgeschwächter, zerstückter, improvisierter, geflickter erscheint, würde sonst in seiner harten Ganzheit erschrecken. Die Gestalten in der Nische teilten die Mängel aller flächenhaften Skulptur, vermehrt um die Mängel einer dekorativen Absichtlichkeit. Die Architektur der Wände wäre eine Kulisse geblieben, dieselbe Spottgeburt zweier unversöhnlicher Raumbegriffe die sie heute ist. Und vierzig Statuen machen auch dann kein plastisches Ganzes aus, wenn sie an eine oder mehrere Mauern gestellt werden, so wenig wie vierzig Leute auf der Straße oder in einer Versammlung eine gesellschaftliche Gruppe bilden. Wie hier ohne ein gemeinschaftstiftendes Gesetz jeder für sich bleibt und sich vom einen zum andern keine innere Beziehung spinnt, so steht an diesen Wänden jede Figur für sich, ja, jede der andern im Wege. Und zwar um so störender im Wege, je mehr Anstrengungen gemacht werden sie durch außerbildnerische Mittel zu sammeln, zu verknüpfen. Wenn es richtig ist, daß in der Plastik jede Statue ihren eigenen Raum hat, der sie von allen übrigen Räumen der Welt abschließt, dann gibt es auch kein legitimes Mittel, eine Vielheit von Statuen anders zu vereinigen als in der Gruppe. Niemals kann diesen Dienst die Wand oder die Mauer übernehmen, deren Raumfunktion, wie wir bemerken durften, eine von der Skulptur so sehr unterschiedene ist. Die Gestalt, die in einer Nische hockt oder steht, ist den andern Gestalten in andern Nischen abgestorben. Sie kann ihr räumliches Sein mit keinem andern teilen und es gibt keine Leitungen, die ihre Getrenntheit in Verbindung verwandelt. Weder die Architektur noch die dichterische oder philosophische Phantasie vermögen diesem Umstande abzuhelfen. Das ist, wenn man es so nennen will, die eigentliche Tragödie dieser Entwürfe. Sie läuft, wie so manches tragische Begebnis, auf einen puren Irrtum hinaus. Künste lassen sich nicht ohne weiteres zur Kombination zwingen. Wenn es einzelne gibt, die mit andern vereinigt eine neue Kunstgattung hervorbringen, so widerstreben doch manche einer Kombination und selbst einem Kompromiß. Jedenfalls sind die Versuche Michelangelos nicht deswegen gescheitert, weil die dahinzielenden Entwürfe nie verwirklicht wurden, sondern weil sie schon als Pläne und Anlagen mit dem Makel behaftet waren unversöhnliche Teile zu einem Ganzen zu zwingen. Man ist berechtigt drei Grade oder Abstufungen menschlicher Einsicht aufzustellen. Auf der ersten Stufe wird das Unmögliche, auf der zweiten das Mögliche, auf der dritten das Notwendige gewollt. Wenn Michelangelo mit seinen halbvollendeten letzten Bildwerken gelernt hat sich zur höchsten Stufe, die der Jugend ein für allemal versagt ist, zu erheben und nur noch das Notwendige zu wollen, so befindet er sich bei seinen kombinatorischen Entwürfen noch auf der untersten Stufe, gänzlich Unmögliches zu vollbringen wünschend.

Nicht die nämliche Bewandtnis wie mit dieser im Grunde unausführbaren Kombination von Architektur und Plastik hat es mit der Vereinigung von Baukunst und Malerei. Schon deshalb nicht, weil eine eigentliche Kombination in dem oben umschriebenen Wortverstande nicht stattfinden kann, — wenigstens nicht von der Architektur aus. Die Malerei als reine Flächenkunst vermag die Bedeutung des architektonischen Raumes nicht abzuschwächen oder gar zu unterdrücken; das Dreidimensionale ist davor bewahrt, von der Fläche in seinem Wesen beeinträchtigt zu werden. Dadurch wird der Sachverhalt ein anderer wie dort. Bei dem Versuche, Architektur und Plastik zu kombinieren, konnten beide Künste in ihrem Werte geschädigt, ja vernichtet werden. Solange der architektonische Raum in seiner konstruktiven Eigenart erhalten bleibt, neigt die Skulptur dazu — das muß natürlich nicht sein —, schmückende Zutat, Dekoration, Ornament, Zierstück an ihm zu werden. Und solange die Plastik ihre Unabhängigkeit und Selbständigkeit zu behaupten trachtet, sucht sie die Architektur zu ihrer Folie, zu einer Einfassung oder einem Gerüst für sie aufzubrauchen. Diese Gefahr, das Gleichgewicht beider Künste in ihrer Gemeinschaft aufzuheben, ist wie gesagt verursacht durch ihre enge Verwandschaft. Weil jede mit der dreidimensionalen Erstreckung des wirklichen Raumes arbeitet, schließt sie zuletzt die andere aus. Ungefähr wie physikalische Körper, die sich elektrisch oder magnetisch anziehen, sich zuletzt doch auf unendlich kleine Entfernung mit unendlich großer Energie abstoßen, eben weil sie nicht einen einzigen Raum miteinander einnehmen können. Der Konflikt der Kombination entsteht, weil die Raumvorstellungen beider Künste als dreidimensionale Erstreckungen zwar ähnlich, aber als einschließende und ausschließende Begrenzungen doch wieder verschieden sind. Bei den Räumen der Architektur und der Malerei dagegen überwiegt die Verschiedenheit gleich am Anfang derart, daß die Gefahr eines solchen Konfliktes sehr gering ist, ja für die Architektur selbst außer Betracht kommt. Es steht der Malerei frei, sich zu ihren Absichten jeder leeren Wand zu bedienen, und der Architekt braucht nicht einmal Rücksicht darauf während der Ausgestaltung seines Baukörpers zu nehmen. Nicht das kleinste Opfer an architektonischen Grundsätzen und Regeln hat der Maler für seine Kunst zu fordern.

Indessen ist auch diese natürliche und behaglich eindeutige Beziehung nicht ganz unproblematisch. Scheidet bei der Möglichkeit einer Verbindung von Malerei und Baukunst eine Benachteiligung der Architektur auch aus, so liegt der Sachverhalt nicht ebenso günstig für die Malerei. Es scheint zwar sehr bequem, die Wandmalerei einfach als eine solche aufzufassen, die eben auf den frischen Kalk der Maurer statt auf Holzgrund oder Leinwand gepinselt wird. Ein Künstler von sehr hohem Range, mit dem sich jemand über dieses Thema besprach, schnitt alle Bedenklichkeiten dieser Art mit den Worten ab: es gäbe nur gute und schlechte Bilder, aber keine Fresko- und Tafelmalerei. Das war durchschlagend und radikal gedacht, aber mindestens zur Hälfte falsch. Mit demselben Rechte könnte ein Bildhauer behaupten: es gibt kein Relief und keine Rundplastik, sondern nur gute und schlechte Skulptur. Oder ein Dichter: es gibt weder Drama, noch Epos, noch Roman, sondern nur gute und schlechte Literatur. Punktum.

Wenn wir uns, um solche gesprochene Paradoxa unbekümmert, auf diese Frage einzustellen versuchen, möchte folgendes nicht zu bestreiten sein. Der Maler, der die Wand für sein flächenhaftes Gebilde in Anspruch nimmt, findet sich vor einer festen und von ihm nicht beeinflußten Gegebenheit. Da ist, ganz abstrakt zu reden, die Mauer von einer gewissen Höhe, Breite oder Länge, im Zusammenhang mit andern Mauern, mit Decke und Boden. Der Urheber des Staffeleibildes bestimmt die Raumeinheit, die er bemalen will, selbst. Er wählt eine seinen Absichten zusagende Fläche und deutet durch die Umrahmung an, daß er das Bild losgelöst von der Bezüglichkeit auf den übrigen Raum entworfen hat und dementsprechend aufgefaßt wissen will. Jedes räumliche Außerhalb wird im Staffeleibilde verneint, jedes Verhältnis zur außerbildlichen Wirklichkeit abgeschnitten.

Auf diese Weise kann der Freskomaler nicht verfahren, selbst wenn er es wollte. Er trifft die Wand als ein architektonisches Dasein an, dessen Raumwerte seinen Entwurf beeinflussen müssen. Es geht nicht an, irgendwo auf eine Riesenwand ein bescheidenes Freskchen zu malen und die Maßverhältnisse der bemalten zur unbemalten Wand außer acht zu lassen. Und wenn sich der Artist dazu zwingen würde, unbesehen einen Teil der Fläche beliebig zu bemalen, das andere dem Architekten überlassend wie es ist, so würde der Betrachter das Bild nicht von seiner Beziehung zur Gesamtfläche isolieren können. Tatsächlich wird aber ein derartiger Fall nicht eintreten. Immer wird der Künstler wenigstens die Ausdehnung der Wand berücksichtigen, um abwechselnd zwischen malerisch bedeckten und architektonisch gegliederten Flächenstücken ein malerisches Ganzes dem Auge darzubieten. Er wird sich, etwas anders ausgedrückt, mindestens quantitativ von der architektonischen Gegebenheit beeinflussen lassen, um mit seinen besonderen Mitteln allmählich eine malerische Gegebenheit aus ihr zu machen. Nun wäre es ein Irrtum zu glauben, es gäbe in der Kunst eine durchgängig quantitative Bestimmung, die nicht sofort eine ganze Reihe von entscheidenden Veränderungen in der Qualität bedingten. Wenn Michelangelo in der Sistina zuerst eine Anzahl von Propheten oder Apostelgestalten zu entwerfen gedachte, aber durch die unmäßige Ausdehnung des Gewölbes dazu gedrängt wurde eine ausgeklügelt verwickelte Anordnung bildlicher Einheiten zu erfinden, so ist das nur ein Beispiel für unsere Behauptung. Die Gefahr der ausgebreiteten Fläche ist die Leere: das Bestreben, sie zu vermeiden, muß notwendig die gesamte Organisation des Bildes bedingen. Die Entfernung der zu bemalenden Fläche vom Beschauer, die Frage, ob gewölbt oder eben, durchbrochen oder fortlaufend, ob architektonisch stetig oder gegliedert, das Verhältnis der Breite zur Länge, das Maß und die Art der Belichtung . . , sind alles ebenso viele Einschränkungen der Malerei durch die Architektur. Das was im architektonischen Raume flächenhaft ist, geht also beim Fresko gleichsam in den malerischen Vorgang ein, und zwar mitbestimmend ein. Die Wandmalerei ist eine Verschmelzung von malerischer und architektonischer Flächengestaltung derart, daß die letztere ein konstitutives Bestandteil für den Entwurf des ersteren abgibt. Mit einem chemischen terminus könnte man sagen: das Fresko „fällt" die Wandfläche aus ihrem konkreten architektonischen Zusammenhang und bindet sie durch die malerischen Elemente zu einer neuen Einheit, die weder rein malerisch, noch rein architektonisch mehr ist.

Aber diese Erwägungen können erst vorläufiger Natur sein. Sie treffen noch gar nicht die Kernfrage der Wandmalerei, die sich mit dem schwierigen Probleme des Dekorativen in dieser Kunst deckt. Man kann nicht bestreiten, da die Beteiligung der Architektur den malerischen Vorgang abändert, daß dieser vielleicht nach einer Richtung hin gebogen wird, die mit der der Malerei eigentümlichen nicht übereinstimmt. Wo der Darstellungsprozeß einer Kunst beeinflußt wird durch die Rücksicht auf eine andere Kunst, entsteht ja auch sofort die Möglichkeit einer Verkümmerung oder Entartung. Es liegt nahe zu denken, daß das vollkommene Fresko wesentliche Züge der Malerei durch seine Anpassung an die architektonische Gegebenheit verliere und einbüße. Möglicherweise unterliegt sie der Versuchung, selber eine Art von geometrisch starrer und ornamentaler Flächengestaltung zu werden und im Aufbau, der Verteilung von Formen, Linien und Farbwerten primitive Malgesetze zu befolgen, wie die Wiederholung des Gleichen, Symmetrie der Teile, Akzentuierung der Umrißlinie usw. Das vollkommene Fresko scheint auf den ersten Blick das zu sein, welches den Forderungen der Wand am weitesten entgegenkommt. Das heißt, welches lediglich Ausfüllung der Fläche, Bewältigung der Mauer, angenehm vollständige Bedeckung und Belebung des Leeren sein will. Also eine ideale Tapete.

Was ich hiermit bezeichnen möchte könnte kaum zutreffender erläutert werden als durch die Freske Orcagnas in der Cappella Strozzi von Santa Maria Novella. Eine Riesenwand im Hochformat ist bedeckt mit einer Hierarchie von Gestalten, Heiligen, Engeln und Seligen des Paradieses. Streng in Reihen geordnet türmen sie sich hintereinander, oder vielmehr übereinander auf,

alle auf derselben Ebene, ohne jeden Versuch sie in
räumlicher Vertiefung erscheinen zu lassen. Damit sich
das Auge nicht in einem gleichgültigen Gewimmel
immer wiederkehrender und ähnlicher Figuren verliere,
wird künstlich eine Mitte geschaffen durch ein thronen-
des Paar, Jesus und Maria, die in ungefähr dreifacher
Größe ausgeführt sind, mit zwei musizierenden Engeln
zu ihren Füßen. Man muß zugeben, daß Orcagna seine
Aufgabe kaum anders hätte lösen können, weil er eines
Darstellungsmittels, das Flächenhafte zu überwinden,
noch entbehrte. Aber diese geschichtliche Bedingtheit
und Gebundenheit beiseite gelassen, wäre es sehr fraglich, ob das Fresko mit freieren Darstellungsmöglichkeiten gewonnen hätte. Als Erfüllung der Wand ist es
nämlich gar nicht zu übertreffen. Die starr gleich-
mäßige Ordnung der Gestalten verbürgt eine durch-
gängige Gleichwertigkeit und Ebenbürtigkeit der
flächenhaften Teile. Nirgends tritt eine Gruppe von
Formen hervor oder zurück. In einer sehr einfachen
Bewegung wird der Blick von der Mitte nach außen
und von außen nach der Mitte gezogen. Ohne Hast,
aber auch ohne Langeweile kann man diese unkörper-
lichen Gebilde in ihrer primitiven Eurythmie betrachten,
etwa wie man die gleichen Perlen eines kostbaren Hals-
bandes wohlgefällig durch die tastenden Fingerspitzen
gleiten läßt. Lückenlos ist die Fläche bedeckt und beherrscht durch die Fläche, vollgeschrieben mit einer
unversieglichen Fülle immer wiederkehrender Ornamente. Denn ein Ornament ist der menschliche Körper
hier geworden. Aber man tadle das nicht, man suche
es noch weniger durch die geschichtliche Bedingtheit
des Trecentisten zu entschuldigen, der sozusagen noch
nicht weit von Byzanz entfernt ist. Wer an die Jenenser
Fresken Hodlers denkt, vermutet hier weniger eine zeitliche Einschränkung, als eine artistische Absicht, die

als solche gerechtfertigt werden kann. Die Freske, die nichts anderes sein will als räumliche Erfüllung der Wandfläche, erreicht mit diesem kargen, fast ägyptisierenden Aufwande durchaus ihr Ziel. Mit einer einzigen Ausnahme ist das in Florenz nicht mehr geglückt. Giotto, Masaccio, Filippino Lippi, Ghirlandaio haben, so verschieden sie untereinander und an artistischem Werte sind, die architektonische Gegebenheit nicht mehr in demselben Sinne bezwungen. Sie haben sie mehr oder weniger zerstückt und aufgeteilt: sie haben die Wand al fresco bemalt, aber nicht die Wand zu einem malerischen Ereignis, zu einer Freske entwickelt. Damit gelangt nun die ganze Schwierigkeit der Frage zum Bewußtsein. Denn dasselbe Fresko, das mit der Verwandlung der architektonischen in eine malerische Fläche an einem letzten Ziele ist, entbehrt doch gleichzeitig eine Anzahl von Werten, die für die Malerei von höchster Bedeutung sind. Ihre Wirkung ist die einer glücklichen Tapetenornamentik: aber nicht die, die sich erfahrungsmäßig vor den großen Schöpfungen dieser Kunst einstellt. Das Fresko ist vollkommen, aber das Bild, die Malerei, das Kunstwerk ist es nicht. Eine große Zahl von Vorgängen, die sonst als Wirkungen des ästhetischen Verhaltens auftreten, bleiben hier unter der Schwelle und können sich nicht entwickeln. Um mich darüber etwas ausführlicher zu erklären, mögen hier einige grundsätzliche Gedanken über die mögliche Wirkung der Künste überhaupt geäußert werden. Man gestatte, daß ich mich dabei, von bisheriger Gewohnheit abweichend, der Analogie mit einer andern Kunstgattung bediene. Es wird bald erkennbar sein, warum die „ideale Tapete" trotz ihrer Untadelhaftigkeit keinen sehr hohen Rang mehr einnehmen kann.

Die Wirkung der Künste auf den Betrachter scheint in einem gewissen Verhältnis zu stehen zu dem Aufwande an artistischen Mitteln des Hervorbringenden. Diese Annahme wird überzeugend bewahrheitet durch die Entwicklungsgeschichte der Musik. Wenn ich das vollkommene Fresko vorhin versuchsweise eine durchgehende Erfüllung der Fläche nannte, so wäre die Musik vielleicht als eine rhythmisch akustische Erfüllung der Zeit zu bezeichnen. In ihrem frühesten Zustande ist sie einstimmige Tonfolge, kein anderes Darstellungsmittel besitzend als homophone Klangstufen in wechselnden Zeitmaßen. Bei der Armseligkeit der Instrumente und bei der mangelhaften Ausbildung der Stimmen darf man annehmen, daß ihre vorzüglichste Ausdrucksform der Rhythmus ist, hinter welchem der eigentliche Klangreiz, die akustische Qualität der Töne noch sehr zurücktritt. Diese mehr oder weniger abstrakte Rhythmik, die von Kennern der Naturvölker bestätigt wird, löst nun eine merkwürdige physiologische Entspannung im Hörer aus, die mit einem ästhetischen Genusse im heutigen Begriffe noch nicht viel gemein hat: die erste Wirkung der Musik ist eine durchaus motorische. Der Naturmensch setzt die akustisch empfundenen Rhythmen in motorische Vorgänge um, sei es im Tanze, im Marsche oder in der Arbeit. Die akustische Apperzeption hat sich von dem motorischen Mechanismus des Körpers noch nicht als selbständiges, in sich ruhendes Wahrnehmungsbereich abgesondert. Es gibt musikgeschichtlich einen Zeitabschnitt, in dem die akustische Wahrnehmung noch ausschließlich auf die motorischen Zentra wirkt und noch keine selbstherrliche Bedeutung als ästhetischer Vorstellungsablauf besitzt. Der Rhythmus, der vom Gehör aufgenommen wird, strebt danach sofort in einen Rhythmus der Bewegungen überzugehen, deren Heftigkeit und Leidenschaft man ahnt, wenn man sich etwa den tieferen Zusammenhang von Tanz und Erotik vergegenwärtigt. Mit der zunehmenden Bereicherung der Darstellungsmittel verändert sich dann die Wirkung der Musik beträchtlich. Die polyphone Musik des Mittelalters, die harmonische der Neuzeit, erfinden eine große Mannigfaltigkeit von Gehörsreizen, die die beherrschende Macht der abstrakten Rhythmik ebenso einschränken als sie die motorische Wirkung auf den menschlichen Körper dämpfen. Die Beziehung der Klänge zueinander nach Maßgabe ihrer Verwandschaft, sei es der zeitlichen Aufeinanderfolge wie bei der polyphonen Melodik, sei es der gleichzeitig angeschlagenen Akkorde wie bei der harmonischen Konsonanz, — imgleichen die Modulation in andere und entfernte Tonarten, die Auflösung dissonierender Intervalle, die Unterscheidung der Klangfarben bei den verschiedenen Instrumenten: das alles bildet die vormalige arme Zeiterfüllung durch Rhythmen zu einer neuen und unerhört reichen Organisation um. Die Elemente, durch welche die Zeit akustisch ausgefüllt wird, vervielfachen sich in ungeahnten Zahlreihen; in einer einzigen Zeiteinheit drängen sich jetzt mehr Gehörsempfindungen zusammen als früher in Stunden. Die musikalische Reihe wird gleichsam dicht, wie ein arithmetisches Kontinuum sich zu einer akustischen Stetigkeit abschließend. Ein Kosmos an Tönen entsteht, der sich nun aber nicht mehr in motorische Äußerungen umsetzt, sondern als ein Wahrnehmungskomplex von eigenem Werte gewürdigt wird. Die physiologische Erregung verschwindet zwar auch beim kultivierten Menschen nicht, wie die körperlichen Veränderungen, Beschleunigung des Blutumlaufes, der Atmung usw. während des musikalischen Genusses beweisen. Aber die Wirkung wurde mit der Zunahme der Kunstmittel unendlich sublimiert. Die Bewegung im Sinne einer motorischen Reaktion verwandelt sich allmählich in die Bewegung des sogenannten Gefühles. Wie der theoretische Mensch zwischen den Empfindungsreiz seiner Umgebungsbestandteile und die unwillkürlichen reaktiven Handlungen seines Körpers nach und nach ein Weltbild von Kenntnissen, Urteilen, Wertungen, Wahrnehmungs- und Vorstellungsreihen einschiebt, die er von allen praktischen Folgen ausschließt, so hat sich in der Entwicklungsgeschichte der Musik zwischen die akustischen Reize und die Körperbewegungen eine Wahrnehmungsgesamtheit von Klangempfindungen eingeschaltet und ausgebreitet, die sozusagen mit motorisch uninteressierter Aufmerksamkeit rein um ihretwillen gehört und im Hören genossen wird. Die Erregungen, die trotzdem unausbleiblich sind, werden vergeistigt und von ihren physiologischen Begleiterscheinungen, soweit diese motorischer Beschaffenheit sind, abgelöst. Der kultivierte Mensch tanzt, läuft, liebt, trauert auch fernerhin bei den Klangwahrnehmungen der Musik. Aber er verbietet sich diese Bewegungen anders als innerlich, anders als „virtuell", der Möglichkeit nach, in sich ablaufen und abspielen zu lassen. Was der Naturmensch allzu rasch ausgibt in einer motorischen Entladung, speichert der spätere Hörer in sich an, stapelt es im Behälter seiner Vorstellungen auf, sich seiner als eines seelischen Besitztums erfreuend.

Diese Verwandlung motorischer Prozesse in Gefühlsvorgänge ist eine der bemerkenswertesten menschlichen Entwicklungen. Mag man bedauern, daß die Musik, die ursprünglich den ganzen Leib erschüttert, nur noch ein abgeschwächtes Spiel dieser vormaligen Ereignisse bewirkt, so ist doch gewiß, daß dieser Nachteil durch eine unschätzbare qualitative Bereicherung der Seele aufgewogen wird. Diese motorisch ziemlich ohnmächtige Klangwelt zwingt zu einer exakten psychologischen Vereinfachung und zu einer so angestrengten Arbeit, daß ihr der Naturmensch gar nicht gewachsen wäre. In jedem Augenblick eines Orchesterstückes müssen so viele Obertöne, Schwebungen, Kombinationstöne, soviel akustische Wellen empfangen, abgekürzt, verdichtet und schließlich in ihrer Bewegungstendenz gefühlsmäßig gedeutet werden, daß der Preis mit dem Verzichte auf motorische Entladungen nicht zu teuer bezahlt ist. Denn solange die Musik eben nur die physiologischen Bewegungszentra des Körpers innervierte, war sie überhaupt noch nicht Kunst. Das wurde sie erst, als sich der durch rhythmische und klangliche Zeitausfüllung gewonnene akustische Wahrnehmungskomplex zu einem selbständigen Bereiche eigener Gattung auswuchs und sich im Menschen ein musikalisches Organ erschuf, das die Klangempfindung lediglich ihretwegen schätzt, genießt und liebt. So geht aus der Zeiterfüllung durch abstrakte Rhythmen eine klangliche Organisation hervor, die eine gegen früher durchaus veränderte Aufnahme im Hörer bedingt. Ja man kann behaupten, daß es einen Hörer überhaupt jetzt erst gäbe, während ehemals Tänzer, Läufer, Krieger oder rhythmisch Arbeitende da waren. Die früher grundlegende Eigenschaft der Musik, ihre Erfüllung von Zeitstrecken mit rhythmisch angeschlagenen oder geblasenen Tönen, rückt nach und nach aus dem Blickpunkte des Bewußtseins. Nicht mehr die Tatsache, daß Zeit erfüllt wird durch einen Wechsel der Zeitmaße, sondern das akustische Medium, womit sie erfüllt wird, beherrscht den ästhetischen Eindruck. Das tonische Gewebe mit seinen physikalischen und physiologischen Gesetzen wird Selbstzweck, der klangliche Wohllaut zum eigentlich musikalischen Reiz. Die harmonische Verwandtschaft der Töne untereinander beschäftigt das aufnehmende Bewußtsein stärker als der Umstand, daß hier Zeitstrecken rhythmisch geteilt erscheinen. Bis endlich auch diese Wirkung verdrängt wird durch die letzte mögliche Verarbeitung akustischer Empfindungen: durch ihre Übersetzung in einen psychischen Zustandswechsel im aufnehmenden Ich. In dem Maße als die Musik ihre Klangwirkungen intensiv und qualitativ steigert, als sie uneingeschränkter und herrischer mit Konsonanz und Dissonanz der Intervalle verfährt, hört auch der Klang auf, ästhetischer Endzweck zu sein. An seine Stelle tritt der Klangeffekt, der Zustand, die seelische Wirkung des Tongewebes. Die noch unaufgeklärten Erschütterungen des musikalischen Genusses, die sich in der dunkeln Schicht der sogenannten Gefühle abspielen, lösen sich bis zu einem gewissen Grade von dem klanglichen Empfindungskomplexe ab und erstarken zu einer psychischen Verfassung, zu der musikalischen Stimmung. Wie sich vorhin die selbständige Vorstellung einer Klanggesamtheit langsam lostrennte von der motorischen Reaktion des Leibes auf die Gehörsreize, so trennt sich jetzt die zuständliche Wirkung der Klänge von der Tatsache ihres akustischen Empfundenwerdens, also von ihrer eigentlichen musikalischen Bedeutung. Als letzte Vergeistigung der vormals motorischen Rhythmik einstimmiger Musik ist diese Woge von gefühlserregten Stimmungen aufzufassen, die auf den Hörer vielstimmiger Klangmassen prallt und ihn so widerstandslos fortflutet in eine ziellose und stürmische Unendlichkeit. Rhythmisch motorische Körperbewegung, gegenständlich empfundene Klangkonsonanz, gefühlmäßiger Zustandswechsel: das sind die drei Wenden in der Geschichte der musikalischen Wirkungen. Sie sind genau verflochten mit den Veränderungen der musikalischen Darstellungsmittel.

Die motorische Körperbewegung hat sich zu einer psychischen Gefühlsbewegung sublimiert mit der Neigung, das eigentliche Substratum aller Musik, das Klangsystem und die Klangempfindung, immer mehr als Hauptwirkung auszuschalten. Die Untersuchung, inwiefern sich alle drei Wirkungsarten wechselseitig ergänzen, wie jedes spätere Stadium das frühere voraussetzt, wie in einer überwiegend zuständlichen Auffassung der Musik eine schwere Gefahr für den Genießenden wie für den Artisten enthalten ist.., kann hier nicht beabsichtigt sein. Uns kam es darauf an, die Linie der Veränderungen erkennbar zu machen, denen Wirkung und Empfindung musikalischer Kunstwerke unterworfen ist. Die Anwendung der Analogie auf die Entwicklungsgeschichte der Malerei ergibt sich dann von selbst.

Wie in der Musik anfänglich eine zeitliche Rhythmik mit leeren und klangarmen Tonfolgen verbunden war, so umspannt auch die räumliche Rhythmik der primitiven Malerei optisch arme und reizlose Flächen. Und was die Wirkung dieser rhythmisch ornamentalen Wandausfüllungen betrifft, ließe sich gleichfalls eine Parallele zu der entsprechenden Wirkung homophoner Musik, zu den motorischen Tanzbewegungen der von ihr erregten Völker auffinden. Betrachtet man nämlich die Kunstwerke von Primitiven aus dem Trecento, so wird die Rhythmik dieser Bilder unterstützt, wenn nicht vornehmlich bedingt, durch eine Anzahl von typischen Bewegungen der Arme, der Hände und Köpfe, durch merkwürdig bestimmte, ob auch steife und unbeholfene Gesten ihrer Gestalten. Wandmalereien wie sie etwa in der Cappella degli Spagnuoli der Santa Maria Novella und in San Miniato zu sehen sind, oder wie das Altarbild Orcagnas in der Cappella Strozzi, um von Giotto noch zu schweigen, zeichnen sich durch eine

Gebärdensprache aus, die gerade in ihrer verhärteten und marionettenhaften Übereinkömmlichkeit von eindringender, kräftiger Wirkung ist. Zergliedert man diese Wirkung nachträglich, so wird es einem wahrscheinlich, daß gewisse motorische Impulse für den Betrachter dabei maßgebend sein möchten. Eine solche steife Gestalt wie beispielsweise der heilige Benedikt des Spinello Aretino, der wie ein holzgeschnitzter Götze dasitzt, nur seinen rechten Arm, rechtwinklig ausreckend, ist nichts anderes als das Symbol, das konventionelle Zeichen einer Geste, einer Bewegung. Die Figur hat noch kein Leben, hinter dem Ordenskleid steckt noch kaum ein Körper. Aber der ausgereckte Arm reizt den naiven Beschauer unwillkürlich dazu an, die bildlich vollzogene Geste des Abweisens, Strafens, Unheilkündens gleichsam in sich nachzuzeichnen. Vor derartigen ungelenken Bildern wird es wahrscheinlich, daß die primitive Malerei in dem primitiven Betrachter einen ähnlichen Vorgang verursachte, wie das Lesen der Buchstaben und Worte in einem andächtigen Schüler. Jedes Lesen, hat man gesagt, sei nur dann ein Verstehen, wenn die Worte innerlich nachgesprochen werden. Das heißt wenn der Leser genau die Lautbewegungen in sich nachahmt, die vollzogen werden müssen, wenn das Wort wirklich ausgesprochen wird. Weshalb Kinder und Personen, die selten lesen und zu der ideellen Nachahmung nicht kommen, die Worte immer erst motorisch real aus ihren Buchstaben entstehen lassen müssen durch lautes Hersagen, Aussprechen, Murmeln. Das Lesen besteht danach in einer virtuellen Nachahmung der motorischen Akte und Handlungen, die beim ausgesprochenen Worte in Wirklichkeit vollzogen werden. Überzeugend hat Bergson in „matière et mémoire" den Gedanken entwickelt, daß das Wiedererkennen der Worte beim Hören (also auch beim Lesen) von dem Gebrauche eines motorischen Schemas abhinge, von einer Reihe „möglicher" Bewegungen, die stattfinden müssen um ein Wort vom andern zu unterscheiden, um es zu erkennen, zu verstehen. Der Körper entwirft in sich ein motorisches Schema des Wortes, er zeichnet es nach, skizziert es, um es zu begreifen. Ist es ungereimt anzunehmen, daß sich ein ähnlicher Vorgang vor den agierenden Gestalten einer Malerei ereignet? Die erste und unerläßliche Wirkung dieser Kunst wäre also durchaus vergleichbar der motorischen Rhythmik, die beim Anhören homophoner Musik den Menschen zum Tanze, zum Marsche zwang. Der Betrachter wiederholt für sich und in sich die Geste, die er auf der bemalten Fläche dargestellt erblickt. Sein Genuß besteht in einem heimlichen Entwurfe derselben Bewegungen, die er optisch wahrnimmt. Er ahmt sie nicht nach in der Wirklichkeit, aber er vollzieht eine Nachahmung in der Phantasie, in seiner Einbildungskraft, seiner Vorstellung. Er stellt gleichsam selber lebende Bilder. Mag die malerische Wiedergabe körperlicher Veränderungen auf der Wand noch so abstrakt, so unsinnlich und schematisch andeutend sein, — der an keine andern Darstellungsinhalte gewöhnte Zuschauer wird sich befriedigen lassen durch die innere Reproduktion der vorgefundenen Bewegungsformen, also durch den motorischen Impuls, den er empfängt. Je häufiger dieselben Bewegungen auf den Bildern wiederkehren, je mehr sich gewisse motorische Äußerungen zu malerischen und zeichnerischen Symbolen verfestigt haben, je typisierender und herkömmlicher die artistische Behandlung erscheint, desto leichter und müheloser wird er sie begreifen und nachahmend in sich erleben. Entstehen doch in solchen Zeitaltern jene hartnäckigen Vorstellungen von Körperbewegungen, an denen fast keine Folgezeit mehr etwas zu ändern wagt: es mag nur an den Gekreuzigten erinnert sein mit seiner beständig wiederkehrenden Haltung, den Kopf nach rechts herabneigend, das rechte Bein über dem linken festgenagelt usw. Freilich ist es in der Malerei niemals der abstrakte Rhythmus allein, der wie in der Musik zu solchen motorischen Bewegungsvorstellungen Anlaß gibt. Auch bei früher und unentwickelter Malerei ist es die Gestalt, die das Bild und seine räumlichen Verhältnisse bestimmt. Man kann sich bei der Musik den Ausdruck des Zeitmaßes durch akustische Mittel hervorgebracht denken, die strenge genommen gar nicht mehr musikalischer Natur sind, wie durch Trommelwirbel, Händeklatschen, Holzklappern, Gongschläge, Fisteltöne, Zungenschnalzen. In der Malerei dagegen haftet die räumliche Rhythmik doch ausschließlich an der Verteilung der Figuren im Raume und mithin an einem eminent malerischen oder wenigstens zeichnerischen Werte. Die Figur vermag zwar die Funktion eines Ornamentes anzunehmen, aber selbst dann geht die räumliche Verfassung von ihr, nicht von einem Rhythmus überhaupt aus. Man kann das vielleicht so ausdrücken: die Malerei ist niemals in dem Maße unmalerisch, wie die primitive Musik unmusikalisch ist.

Ein höherer Zustand wird bald erreicht, wenn sich die Malerei von der ornamentalen Bestimmung und von der konventionell befestigten Rhythmik ihrer Gestalten befreit. Wenn man sich die Frage vorlegt, worauf der Abstand Giottos von den andern Trecentisten zurückzuführen sei, muß man als eine wichtige Ursache die größere Flüssigkeit in der Verteilung der bildlichen Elemente nennen. In einem ungeahnt neuen Sinne konstituiert bei Giotto die Gestalt die Fläche. Nicht mehr durch Wiederholung, durch hartes Nebeneinander oder

Hintereinander, sondern durch ein freieres Wechselspiel von Vereinigung und Zerstreuung. Ein Bild Giottos ist keine Hierarchie, in der jeder den Platz einnimmt, den ihm ein architektonisch ornamentaler, aber nicht malerischer Grundsatz aufnötigt. Es ist etwa eine gelockerte Gruppe, in der sich Menschen zusammenfinden und absondern, je nach dem Erfordernis des Vorganges, den der Artist räumlich sichtbar und verständlich machen will. Allerdings tritt damit ein Ereignis ein, das im Zusammenhang mit den bisherigen Ausführungen nicht ganz unerwartet sein kann. Die dekorative Wirkung der bemalten Wand nimmt nämlich in demselben Maße ab als sich die Lösung von den gebundenen Flächenrhythmen vollzieht. Jene Tapete Orcagnas besitzt einen nicht zu überbietenden dekorativen Höchstwert, wofern sich die architektonisch gegebene Fläche zu einem rhythmisch durchaus beherrschten Ganzen fortbildet. Indem sie die Fläche eher mit ornamentalen Symbolen als mit eigentlichen Körpern bedeckt, indem sie ein Spiel von einander ähnlichen Gesten und Bewegungen hinstellt, die im Betrachter etwas wie eine motorische Nachahmung erzeugen, weicht ihre Wirkung eigentlich noch nicht erheblich von den Wirkungen der Architektur selbst ab. Einen beschränkten Wechsel in der Ordnung räumlicher Glieder, eine Darstellung statisch dynamischer Verhältnisse suchte ja auch die Architektur zu geben. Von da bis zu der Darstellung einfacher flächenhafter Schemata, typisierender Körperformen, ist kein sehr weiter Schritt. Wo das Fresko noch ganz in der Einheit mit der Architektur lebt, geht auch seine Wirkung wenig über die einer etwas reicheren räumlichen Dynamik und Rhythmik hinaus. Das Spiel der baulichen Organisation wird gewissermaßen angewendet auf die menschliche Gestalt, in deren Bewegungen sich etwas ähnliches vollzieht wie in den Funktionen der Architektur: Kräfte spannen und fesseln sich, widerstreben einander und heben sich auf, werden gebunden und gelöst, verteilt und gesammelt, gerichtet oder zerstreut. Dieser Einklang von malerischer Dekoration und architektonischer Funktion wird aber um so jäher unterbrochen, je rascher die Malerei zu einer Kunst von besonderer Dignität heranreift. Besonders die florentinische Malerei hat sich ein Jahrhundert nach Giotto in den Fresken Masaccios zu einer Entwicklung erhoben, die fast zum Gegensinn dekorativer Flächenkunst führte. Die Bilder in der Karmeliterkirche sind die vorwegnehmendsten Werke des Quattrocento geworden (wenn man von Piero della Francescas homerischer Pracht und Größe absieht), obgleich ihr dekorativer Wert gegen Orcagna sehr vermindert ist. Nicht als ob die Fläche hier weniger bedeckt und erfüllt wäre wie auf Orcagnas Tapete. Sie hört nur auf ornamentale Dekoration zu sein, weil ihre Organisation unvergleichlich entwickelter und malerischer ist, wie bei den Primitiven und Gotikern. Sie ist zu umfassend, zu sehr ihre eigene Art, zu mächtig und zu selbstherrlich, um noch viel an die Wand denken zu lassen an der sie sich befindet — zufällig und leider befindet. Hier treten keine Symbole von Gesten auf, keine konventionelle Zeichen für menschliche Gestalten, keine an das Buchornament der Miniaturisten gemahnende Linien, sondern Körper im freien Raume. Zum ersten Male beteiligt sich der Raum selbst als ein Element an der malerischen Darstellung. Die Figuren sind nicht angeordnet auf der Fläche, um eine Fläche zu schmücken und mit ihr einen primitiven Rhythmus einzugehen. Sie bewegen sich vielmehr in dem sinnlichen Medium der Räumlichkeit, die ihrerseits das Flächenhafte überwindet und vergessen macht. Und zwar geschieht das nicht durch das illegitime Mittel anderer Quattrocentisten, die eine architektonische Perspektive nach geometrischen Regeln auf die Wand projizieren, um damit den Zuschauer zu überreden ihr Bild besäße Tiefe. Masaccio verschmäht die Architektur nicht, aber seine Tiefenvorstellung ist nicht von ihr abhängig. Das kann man durch zwei Tatsachen mit Sicherheit erhärten. Erstens ist seine Malerei auch da raumtief, wo er die Gruppen ins freie Feld, in die Landschaft stellt. Die bewunderungswürdige Wand mit dem zinsgroschenzahlenden Jesus zeigt die Hauptgruppe in einem offenen Hügellande von natürlicher Tiefe und Weite. Zweitens ist auch da, wo architektonische Perspektive den Ausschlag zu geben scheint wie bei der Petruslegende auf der gegenüberliegenden Wandhälfte, (die manchmal sehr ungerechtfertigt dem Masolino zugeschrieben wird) — die Tiefenvorstellung keineswegs durch sie bedingt. Um sich dessen zu vergewissern, braucht man diese Freske nur mit der darunter befindlichen von Filippino Lippi vergleichen. Es gibt keinen bessern Beweis als diesen, wie belanglos die architektonische Perspektive für das Problem der malerischen Tiefe ist. Man kann geometrisch noch so richtig darstellen und konstruieren, man kann ganze Städte und Straßenzüge an die Wand zeichnen (wie Ghirlandaio), und das Auge glaubt dennoch nicht an den Raum, wenn die Tiefe nicht malerisch glaubhaft gemacht wird. Sowenig man sich durch stereographische oder orthographische Kartenprojektionen überreden läßt die Erde darauf wirklich als Kugel zu sehen. Der Erfolg Masaccios ist hier um so erstaunlicher, als er die Perspektive von einem Architekten erlernt hatte. Er übersetzte das, was hier zu lernen war, mit dem nachtwandlerischen Instinkte, der dem früh abgeschiedenen Genie verliehen zu sein scheint, in seine artistische Muttersprache. Leider fehlt jedes Vermögen zu ahnen, w i e das möglich sein konnte. Man s i e h t den Unterschied zwischen malerisch entstandener und geometrisch konstruierter Raumvorstellung: aber man kann ihn weder ergründen noch definieren. Der malerische Raum ist indessen nicht die einzige Eroberung dieses unbegreiflichen Jünglings. Nicht nur das allgemeine Medium, in welchem sich die Figuren bewegen, auch die Körper selbst gewinnen Volumen, Masse, Dichtigkeit, Materie. Hinter diesen wallenden Mänteln des Zinspfennigbildes verstecken sich starke Glieder. Die Köpfe sitzen auf Hälsen, die sich auch unter den Gewändern fortsetzen und mit Schultern, Rümpfen, Beinen und Armen verwachsen sind. Noch bei Giotto ist man im Zweifel, wie sich der Körper hinter den strenggefalteten Kutten seiner Mönche, Nonnen und Heiligen fortsetzt. Das Gerüst der Gestalt hinter dem Kleide ist schwach und schemenhaft, ja man darf fragen ob überhaupt etwas unter den Kapuzen seiner Franziskanerbrüder steckt. Das ändert sich im Quattrocento sonst wenig, denn auch die feingeputzten Dämchen und jungen Herren Ghirlandaios, die blutarmen und etwas hektischen Mädchen Botticellis gleichen eher kostümierten Modellpuppen als sinnlichen Wesen aus Fleisch und Bein. Welch ein urwüchsig elementarisches Leben und Dasein die Gestalten Masaccios dagegen haben läßt sich nicht beschreiben. Das verhaltene Ungestüm, die heißen und anhaltenden Leidenschaften, die von den bärtigen Apostelgesichtern abzulesen sind, teilen sich ihrer ganzen Figur mit. Der zinszahlende Jesus mit seiner gebieterischen Geste scheint mir der überzeugendste und eindrucksvollste der italienischen Malerei zu sein. Wie versteht es der Artist den von der Hauptperson der Gruppe ausgehenden Bewegungsimpuls sorgsam abzuleiten, nach rechts und nach links durch die drei nächststehenden vorderen Jünger, bis er alle Anwesenden ansteckt und elektrisiert. Ein Kreis von Menschen ist durch das höchst einfache Mittel der fortgepflanzten Bewegung um eine beherrschende Mitte geordnet. An Brunelleschis Relief im Bargello war damals die Vereinheitlichung des artistischen Darstellungsmittels, der plastisch erhobenen Teile auf einer Ebene, mit dem Leben und Sinn des ausgewählten Vorganges hervorzuheben. Masaccios Zinsgroschen verstärkt diese Wirkung, die sich aus zwei durchaus verschiedenen Erlebnissen summiert: nämlich aus der Nachempfindung der artistischen Tätigkeit mit ihren zweckentsprechenden Mitteln und aus der Nachempfindung des Darstellungsinhaltes, des im Kunstwerke objektivierten und niedergeschlagenen Ereignisses. Wo diese beiden an sich getrennten Apperzeptionsreihen sich durchdringen und mischen, da ist die Wirkung des ästhetischen Verhaltens die denkbar stärkste und geläuterste, da ist die Kunst wie der Betrachter am letzten möglichen Ziele. Es gibt keine Steigerung mehr darüber hinaus, wenn in der Begebenheit, im Dasein des B i l d e s zugleich die Magie des B i l d e n s aufgenommen wird, wenn der Zuschauer im Was des vorgestellten Inhaltes das Wie der artistischen Verlebendigung nachfühlt. Die Energie der gestaltenden Funktionen erscheint hier eingespeichert in die latente Energie des im Bilde wahrnehmbar Gemachten. So drückt der malerische, dynamische und räumliche Zusammenhang der Gruppe, die sich um Masaccios Jesus bewegt, in ihrer Konzentration der Handlung zugleich das Faktum aus, daß hier Belebung und Bewältigung einer Fläche durch rhythmische Fortleitung psychophysischer Impulse in körperhaften Gestalten gelungen sei. Ein ursprünglich gar nicht auf ästhetische Wirkung abhebender Vorgang, ein geschichtliches oder legendarisches Geschehen, wird restlos aufgelöst in die Elemente, die an ihm optisch erfaßbar und dadurch malerisch par excellence sind. Und diese Chemie des Malers, seine eigentliche „Scheidekunst", die das optisch Wirkliche aus optisch Unmöglichem und Gleichgültigem sozusagen herausfällt, geht in die Betrachtung des Bildes selbst mit ein: ein synthetisches Nacherlebnis von sublimster Beschaffenheit hervorbringend. Die ästhetische Erfahrung wird jetzt zu einem aktiven Genusse, den der Empfänger durch die Erkenntnis der künstlerischen Mittel sich erarbeitet, aber von dem er nicht übermannt sein will wie von der Wollust. Von dieser Wirkung kann man mit Solneß ausrufen: es ist Magie in dir — die Magie einer Einheit von Tun und Getanem, von Tätigkeit und Produkt, von Funktion und Inhalt. Sie ist unendlich viel mehr als die blinde „Wirkung überhaupt", nach der es den Laien heute lüstert, das unmännliche Unterworfenseinwollen, das jede Rechenschaft über die Legitimität verschmäht. Grundsätzlich unterscheidet sie sich von jedem bloßen Ergriffen- Gepackt- Erschüttertsein, das für den Unverstand das Kriterium des Kunstwerkes und Kunstwertes ist, und sie hat mit dem verächtlichen Aufwande an Massenbegeisterung nichts zu tun, der in Deutschland seit Wagner maßgebend geworden ist.

Es ist natürlich, daß die Wirkung des Kunstwerkes in dieser Aufgipfelung sich von der einer vollkommenen Dekoration, einer idealen Tapete, ebensoweit entfernen muß, wie die Wirkung harmonischer Musik von derjenigen abstrakter homophoner Rhythmen. Da die bemalte Fläche hier überhaupt aufhört als geometrische und architektonische Ebene zum Bewußtsein zu kommen, ist zwar nicht ihre Anpassung an die Wand, aber doch jener überwiegend ornamentale Eindruck ausgeschlossen. Das Leben des Kunstwerkes reißt sich los von den Empfindungen, die der schön geschmückte Raumteil einer Architektur vermitteln würde. So wird es endlich einigermaßen deutbar, was mit dem wichtigen Satze oben gemeint war: die Wirkung einer echten malerischen Schöpfung unterscheide sich wesentlich von der Wirkung einer vollkommenen Wandausfüllung, einer idealen Tapete. Diese Tatsache, die nicht ganz leicht zu ergründen ist, wird von dem andern Satze erläutert, daß die Wirkung jeder Kunst mit den angewandten artistischen Mitteln wechselt. Veränderte Darstellungsmittel bedingen geschichtlich veränderte Wirkungen. Eine Malerei, die die Fläche, an die sie doch ihrem Begriffe nach gebannt bleibt, über ein vielverschlungenes Gewebe räumlicher und unräumlicher Vorstellungen einfach vergessen läßt, k a n n nicht mehr in dem vorigen Sinne dekorativ sein. Sie hat das Substratum, an dem sie haftet, überwunden, und es wäre unbillig zu fordern, die Einbildungskraft des Zuschauers solle auch jetzt noch an der Wand und an ihrer architektonischen Umgebung kleben bleiben.

Trotzdem wäre es irrig, dem Wandbilde Masaccios j e d e dekorative Bedeutung abzustreiten. Denn das hieße den Vorwurf erheben, seine Malerei sei als freskale Belebung der Fläche verfehlt, es habe sich ein Staffeleibild zufällig auf die Wand verirrt. Das ist unzutreffend. Im Vergleiche mit der Tapete Orcagnas hat sich der dekorative Wert in dem Maße vermindert als der Wert der selbstherrlichen artistischen Schöpfung gestiegen ist. Aber trotz dieser Steigerung ist gewissermaßen ein dekoratives Minimum erhalten geblieben. Eine Freske Masaccios paßt sich ungefähr soweit den Ansprüchen der Wand an als es unerläßlich ist, wenn aus einem hervorragenden Kunstwerke kein mangelhaftes Wandbild werden soll.

Dieses dekorative Minimum scheint der Malerei solange verbürgt, als sie nicht die formale Organisation eines Gemäldes zugunsten eines abstrakt farbigen Zusammenklanges aufhebt. Bekanntlich hat die Entwicklung im vorigen Jahrhundert zu einer Behandlung gegenständlicher Formen geführt, die zwar unschätzbare Ergebnisse für das isolierte Bild zur Folge hatte, aber jede Verbindung mit der architektonischen Fläche unmöglich macht. Die Auflösung, die Brechung der Form in ein Spektrum von chromatischen Reizen, die Aufopferung des bestimmten Raumbildes im Dienste und im Interesse des Lichtes, welches zum alleinigen Medium einer beseelten und lebendigen Materie erhoben wird, verbieten die Anpassung an architektonische Gegebenheiten durchaus. Im Gegensatze zu dieser vorzüglich farbigen, ja atmosphärischen Malerei bedarf die Wand immer wieder der festumschriebenen, im Licht nicht zerreißbaren Form. Das Fresko kann sich nicht auf Vorstellungen einlassen, deren Dasein sich in ihrem optischen Farbreize erschöpft. Es bleibt angewiesen auf eine Materie, die im Raume bedeutend wirkt durch ihr Verhältnis zu andern räumlichen Werten. Was in bestimmungsloser Unbegrenztheit zerfließt, wie das Wasser, der Himmel, die Wolken, die Luft, das Licht, kann keine Wand räumlich organisieren. Die architektonische Fläche erheischt Einheiten, die in formalen Beziehungen zueinander stehen, die sich nicht auflösen in fließende Undulation. Ehrfurcht vor der Materie ist gut, aber die reine Materie ohne Formakzente, ohne Abhebung und Bestimmung, ist Chaos.

Man will in der Gegenwart das eigentlich Monumentale in der Malerei vermissen, vielleicht ohne genau zu wissen, wessen Geistes diese ersehnte Monumentalität ist. Wohlan, monumentum, monimentum bedeutet im Lateinischen das architektonische oder plastische Zeichen des Gedenkens, der Erinnerung. Wünschen, die Malerei möge monumental sein, würde danach nur besagen, daß man die Wirkung großer Architektur oder großer Skulptur von ihr erwartet, eine Wirkung, die auf alle Fälle eine formal räumliche ist. Vielleicht bringt dieser Wunsch zum Ausdruck, daß der Raum, das in sich gleichartige, stetige, anschauliche, dreidimensionale, passive Medium, gegen die farbigen Eindrücke der Gegenstände gehalten ein Ursprünglicheres, Bleibendes, Beharrliches, Substantielles ist. Die optischen Werte der Farben erscheinen allzu verhältnismäßig und schwankend, nicht nur in ihren ergänzenden und kontrastierenden Eigenschaften zueinander, sondern auch in ihrer ästhetischen Wirkung auf die physiologischen Apparate verschiedener Individua. Farbe und Licht, die chromatischen und die achromatischen Prozesse des Auges geben dem Ich nur, was an den Dingen ist und was ohne Gefahr für ihre Existenz von ihnen abgestreift werden könnte, wogegen das Räumlichsein die Dinge selbst ist. Die Farbe verhält sich zum Raume, wie sich die physiologische Optik zur Geometrie verhält, wie eine vielfach unsichere, hypothesenreiche empirische Wissenschaft zu einer apriorisch deduktiven, die in großartiger Ordnung Satz an Satz, Beweis an Beweis reiht und in Jahrhunderten als das Prototyp menschlicher Erkenntnis gelten konnte. Es ist möglich, sagte ich, daß solche oder ähnliche Gedanken dunkel mitsprechen bei unserer hartnäckigen Sehnsucht nach einer monumentalen Malerei.

Jedenfalls ist eine solche nicht denkbar ohne eine Einschränkung, Verminderung und Rückbildung der gegenwärtigen Empfindsamkeit unserer chromatisch überreizten Netzhäute. Wenn es auch niemals die Absicht der Monumentalmalerei sein darf die Gegenstände auf

Form zu reduzieren im Sinne der Plastik. Was sie indessen vermag besteht darin, die Farbe als optisches Symbol für räumliche Erscheinungen von bestimmten Formwerten anzuwenden und durch sie Ausdehnung, Gestalt und Rauminhalt der Gegenstände darzustellen. Die Farbe ist abgesehen von ihren materiellen Eigenschaften, durch welche sie die chromatischen und stofflichen Qualitäten der Dinge gibt, die Trägerin räumlicher Funktionen für unsere Optik. Sie kann durch ihre physikalisch bedingten Veränderungen über Ausdehnung, Tiefe, Distanz, Dichtigkeit, Oberflächenbeschaffenheit der Gegenstände aufklären: kurz, wir sind imstande die Form durch die Farbe zu deuten. Der Plastiker trennt die Form von dieser symbolischen Wirkung der Farbe ab um die Form allein zu verwirklichen; der Maler löst die Form oft genug in einen ausschließlich chromatischen Zusammenklang auf. Aber jenseits dieser durchgreifenden Abstraktionen ist eine dritte Möglichkeit vorhanden. Sie besteht darin, das räumlich formale Dasein der Dinge durch Farbwerte zu interpretieren, eine Architektur von Formen durch eine Abstufung von Farbigkeiten darzustellen. Das ist die legitime Absicht des Fresko. Es bemächtigt sich der Form, aber nicht mit dem artistischen Mittel der Skulptur, sondern mit dem der Malerei. Eine Bedeutung der Farbe wird ausgenutzt und gesteigert, die sonst im entwicklungsgeschichtlichen Ablaufe, im Staffeleibilde immer mehr unterdrückt und vernachlässigt wird. Neben einer Malerei, die die stofflichen Reize der Farbe ins Ungemessene erhöht und für die optischen Qualitäten der Materie fortgesetzt neue chromatische Ausdrucksmittel findet, ist sehr wohl eine andere Malerei möglich, die den Zusammenhang mit den Raumbildern des Plastikers und des Architekten nicht aufgeben will. Sie bleibt in dem guten und gemäßigten Sinne dekorativ als sie sich den unerläßlichen Ansprüchen der Wandausfüllung anbequemt. Ist sie in ihren fortgeschrittenen Stadien nichts weniger als eine ideale Tapete, ein reiches und starres Ornament, ist ihr Ehrgeiz zu stark und zu stolz um auf die vergeistigte Wirkung einer hochentwickelten und selbständigen Kunst zu verzichten, so darf sie doch niemals das dekorative Minimum unterschreiten, das ihr die notwendige Anpassung an die Wand sichert. Die monumentale Malerei ist ihrem Begriffe nach Dekoration, weil sie, zum Schmucke eines Raumes berufen, bis zu einem gewissen Grade in Abhängigkeit zu einer Kunst gerät, die andere Ziele und Absichten verfolgt als sie selbst. Aber über einen dekorativen Grenzwert hinaus, der nicht mehr als das Minimum zu sein braucht, bleibt ihr keine Wirkung der Malerei versagt, so weit sich diese auch von den primitiven Eindrücken einer bloßen Flächenornamentik entfernen mag. Statt durch ihre dekorative Anbequemung gehemmt zu sein, kann die Monumentalmalerei im Gegenteile zu Anstrengungen und Erfolgen beschwingt werden, die dem isolierten Tafelbilde unmöglich sind. Ähnlich wie der Dichter, der fürs Theater schreibt, zwar zum verächtlichen Possenreißer, Hanswurst und Routinier wird, wenn er n u r den Ansprüchen der Szene nachzukommen beabsichtigt — aber einer feierlich reinen Wirkung gewiß sein darf, wo er das Bühnenereignis in Spiel und Spiegel glaubhafter Menschlichkeiten verwandelt. Was eine Wandmalerei leistet die dekorativ, aber nicht nur dekorativ ist und über ihre schmückende Bedeutung hinaus unendlichen Überschuß besitzt, lernt man in dieser Cappella Brancacci zu Florenz dankbar würdigen. Die Wirkungen, die hier zu empfinden sind, bezeugen es und werden es noch in manche Zukunft bezeugen.

Denn es ziehet von da eine leise, leise Spur nach der zoologischen Station in Neapel, eine behutsame Hoffnung für später..

* * *

In allen Künsten gibt es eine kleine Zahl von Geistern, denen es vergönnt ist ohne innere Kämpfe und Beschwerden, ohne Schmerzen und Risse zwar nicht das Höchste, wohl aber das Glücklichste hervorzubringen. Die Kunst wird bei ihnen, wie Stendhal sagt, zu einer promesse de bonheur. Sie schaffen in vollendeter Heiterkeit und Seligkeit, ohne eigentlichen Emporstieg, ohne einen höchsten und letzten Gipfel, aber auch ohne Ermattung. Ihre Arbeit, die eigentlich keine Arbeit ist, gleicht den Improvisationen zu denen man in angenehmer Geselligkeit angeregt wird und die einem als das Geschenk einer verschwenderischen Stunde in den Schoß fallen, die man dann hingibt und freilich im Augenblick auch wieder vergißt. Können solche beflügelte Eingebungen vom Menschen in die dauernden Formen einer Kunst gebannt werden, so entstehen jene Genies die mir die wahrhaft glücklichen, weil mühelos produktiven (wie Gott) zu sein scheinen. Das florentinische Quattrocento besitzt seinen fröhlichen und hellen Geist in Gozzoli, wie die deutsche Musik in Haydn, die deutsche Dichtkunst in Wieland. Man darf nicht die ein paar hundert Jahre vorwegnehmende Einsamkeit Masaccios von ihm erwarten. Seine Fresken im Palazzo Riccardi sind auch keine Beispiele für das „dekorative Minimum" wie die Bilder der Cappella Brancacci. Im Gegenteil. Man kann sich keinen vollkommener geschmückten Raum denken als die ehemalige Kapelle des alten Medici. Die Fresken vereinigen die Pracht kostbarer Gobelins mit den technischen Freiheiten kostbarer Malerei. Trotz ihres dekorativen Reizes, der gar nicht zu übertreffen ist, besitzen sie noch vieles andere was sie hoch über den Wert einer bloßen Dekoration erhebt. Gozzolis Malereien wimmeln von latenten Widersprüchen in der Darstellung, die bei geringerer Ausgeglichenheit ein Kunstwerk hundertmal unmöglich machen müßten. Wie fast alle Quattrocentisten zeichnet er genaue Umrisse die er mit zahllosen Details vollstopft. Die Leibröcke und Mäntel seiner Herren geben treu die gestickten oder eingewebten Muster wieder. Auf dem Zuge der drei morgenländischen Magier sind allerlei östliche Tiere abgebildet: sauber getüpfelte und gefleckte Leoparden, Affen, Kamele, dazu Jagdfalken, Hunde verschiedenster Rassen, allerlei Gevögel mit dem peinlich gezeichneten Gefieder gewisser japanischer Tierbilder. Aber was bei jedem andern einen malerischen Gesamteindruck des Bildes gar nicht aufkommen ließe stört hier nicht, ja, es ergötzt. Denn die zeichnerischen Vorzüge Gozzolis sind erstaunlich. Was er sich an Verkürzungen von Gäulen leistet, die bald nur von vorn, bald nur von hinten sichtbar sind und der Anschauung trotzdem immer einen zusammenhängenden Organismus darbieten, kann kaum übertroffen werden. Bewegungen von Troßknechten die zu Pferd steigen, von fliehenden Rehen, Hunden, galoppierenden Reitern, wirken unwiderstehlich. Hinter einem vermutlich später in die Wand gebrochenen Fenster von Butzenscheiben reiten drei Jünglinge, drei Märchenprinzen auf Schimmeln aus einem Zypressenhain heraus.*) Man sieht

---

*) Diese Märchenprinzen werden herkömmlich für „le tre sorelle Medici" ausgegeben. Da mein optischer Apparat mit dem besten Willen keine weiblichen Geschlechtsmerkmale an ihnen feststellen kann, verzeihe mirs der Leser, wenn ich die Schwestern bis auf weiteres für Brüder anzusehen genötigt bin.

eigentlich nur einen Gaul zu den drei Reitern, aber die Suggestion von dreien ist vollkommen. Diese prachtvollen Zeichenkünste verschaffen ihm die Gelegenheit zu koloristischen Finessen wie diesen, daß die drei Jünglinge mit weißen Leibröcken auf ihren Schimmeln sitzen. Die genauesten und fast pedantischen Einzelheiten fügen sich ohne Zwang dem Ganzen ein. Nichts was in diesen summierten Details auf Kosten des andern da wäre: ein fast einziges Beispiel artistischer Machtvollkommenheit. In einem günstigen Augenblicke rafft ein Künstler alles zusammen, was von der alten Generation des Quattrocento zu lernen war und stellt es in den Dienst einer unerschöpflichen Erfindungsgabe. Das Füllhorn, Wunderhorn, das er über die Wände ausschüttet, ist so frischer Blüten voll, daß man Fragen und Prüfen vergißt. Wie man die keineswegs höchste dichterische Potenz in unseren mittelhochdeutschen Ritterepen über die hinreißenden Szenen vergißt, die Wolfram oder Gottfried vor uns abspielen lassen; wie man nur noch Tjosten, Jagden, Liebesabenteuer, Heerfahrten, Schlachten, Umzüge, göttliche und irdische Mysterien, Zaubereien, Grotesken sieht und hört, — so denkt man bei diesen Schildereien einer das Auge bezaubernden Kultur nicht an die ästhetischen Maßstäbe, nicht an ein Sollen. Es gibt Kunstwerke, wo der Reiz des Stoffes, der Situation so unwiderstehlich ist, daß man sie fraglos dankbar hinnimmt wie sie sind. Durch Anschaulichkeit, Zahl, Vielfältigkeit und Leben der Fabeln lassen sie das zweiflerische Bewußtsein absterben, hinwelken, verkümmern, daß es noch etwas anderes gibt als das Fest der Sinne, das sie dem äußeren und inneren Auge übermitteln. Der Betrachter vergißt über die Fülle des Wahrnehmbaren die böse und stechende Unsicherheit und Problematik, die jede menschliche Arbeit, jedes Tun bedroht. Er vergißt,

wie selbst hinter der Tätigkeit des Künstlers alle Fragwürdigkeiten des Daseins auf der Lauer liegen..
Eignen wir uns nach so mancherlei Bedenklichkeiten, nach vorsichtigen Lotungen in klippenreichen Meeren, etwas von dieser Vergeßlichkeit an, die eine andere Art Weisheit, Gegenstände und Dinge wie den florentinischen Festzug Gozzolis fröhlich begaffen lehrt. Vielleicht wäre es gar nicht so töricht, in unserem sonderbaren Wechselspiele von Sehen und Grübeln den vielgeliebten Augen den heiteren Sieg zu überlassen.

Biographische Notiz

Leopold Ziegler wurde am 30.4.1881 in Karlsruhe geboren. Früh prägten Freundschaften mit Künstlern seinen Geist. Bei Arthur Drews lernte er schon als Primaner die Gedankengänge des Philosophen Eduard von Hartmann kennen. Als Z. 1902 die Universität Heidelberg bezog, war er schon Verfasser zweier Schriften: *Metaphysik des Tragischen* (1902) und *Das Wesen der Kultur* (1903). 1905 promovierte er in Jena mit der Arbeit *Der abendländische Rationalismus und der Eros*. Seine Absicht, sich zu habilitieren, gab er infolge einer schweren Erkrankung 1907 auf. Er lebte als Privatgelehrter in Ettlingen und am Bodensee. 1929 erhielt er den Goethe-Preis der Stadt Frankfurt a.M. Zu seinem 70. Geburtstag wurden ihm vielfältige wissenschaftliche Ehrungen zuteil. Am 25.11.1958 ist Z. in Überlingen, wo er seit 1925 lebte, verstorben.

Der erste Durchbruch seines Werkes ereignete sich mit dem zweibändigen Werk *Gestaltwandel der Götter* (1920, 2 Bde. 1922). Es machte seinen Namen weit bekannt und war damals einer der meistgelesenen Bücher. Vielfach ist es heute noch so, daß Z. fast nur nach diesem Buch beurteilt wird. Der *Gestaltwandel* ist eine weitgespannte Geschichte des religiösen Bewußtseins von Homer bis zur Entgötterung der Welt durch die Naturwissenschaften, eine Kosmogonie ebenso wie eine Theogonie. Wenige Jahre später folgte das ebenfalls zweibändige Werk *Das Heilige Reich der Deutschen* (1925), eine Besinnung über das deutsche Schicksal und das Selbstverständnis des Deutschen Reiches. Von diesen Grundlagen aus untersuchte er dann in einer Reihe kleinerer Schriften die Manifestationen des Geistes in der Wirtschaftswelt, im Staat, in der Erziehung und Kunst. Auszugsweise sind sie zum Teil in der *Spätlese eigener Hand* (1953) wieder abgedruckt. Mehr und mehr wird ihm dann die Religion zur Triebkraft seines polysynthetischen oder integralen Denkens. Er knüpft dabei an die ihm geistes- und wesensverwandten Denker Hegel, Schelling und Franz von Baader an und bildet sie kritisch fort. Die wichtigsten Stationen auf diesem Wege sind *Überlieferung* (1936), *Menschwerdung* (2 Bde. 1948) und *Das Lehrgespräch vom Allgemeinen Menschen* (1956). Hier hat Z. zweierlei erstrebt: die verschiedenen geschichtlichen Religionen als Variationen ein und derselben Uroffenbarung zu erweisen, die heute in Einzelüberlieferungen verschüttet und verdrängt ist, und zu zeigen, wie in das Christentum trotz seiner singulären Stellung die gesamte außerchristliche Religiosität einbezogen ist.

Das Neue seiner Philosophie ist ein dreifacher Weg zur Menschwerdung: der Weg aus dem Nihilismus des modernen Existentialismus durch die Rückgliederung in die Uroffenbarung Gottes; der Weg einer Philosophie, in der der Widerstreit zwischen philosophischer und christlicher Wahrheitserkenntnis aufgehoben ist; der Weg, die Entwicklung der Menschheit als eine biologische und geistigreligiöse Ganzheit zu verstehen, mithin Universalgeschichte und Heilsgeschichte zu versöhnen.

Weitere Werke: *Das Weltbild Hartmanns*, 1910; *Florentinische Introduktion*, 1911; *Zwischen Mensch und Wirtschaft*, 1927; *Magna Charta einer Schule*, 1928; *Der europäische Geist*, 1929; *Zwei Goethereden und ein Gespräch*, 1932; *Apollons letzte Epiphanie*, 1937; *Menschwerdung*, 2 Bde. 1948; *Von Platons Staatheit zum christlichen Staat*, 1948; *Die Neue Wissenschaft*, 1951; *Spätlese eigener Hand*, Ausw. 1953; *Edgas Julius Jung*, 1955; posthum erschienen: *Michaeldromenon*, 1959; *Briefwechsel Reinhold Schneider – Leopold Ziegler*, 1960; *Dreiflügelbild*, 1961; *Leopold Ziegler, Briefe 1901–1958*, 1963 – Ausführl. Bibliogr. in *Leopold Ziegler, Briefe 1901–1958*; München 1963, S. 455 ff. (vgl. auch den Lebensbericht auf S. 451 f.). Erwin Stein

(Aus: Handbuch der deutschen Gegenwartsliteratur, Hrsg. Kunisch, 1. Auflage, München 1965)

Zur 100. Wiederkehr des Geburtstages von Leopold Ziegler erschien 1981 im Aurum Verlag, Freiburg/Breisgau, eine Gedenkschrift mit fünf Vorträgen über Person und Werk Zieglers von Erwin Stein, Sophie Latour, Ernst Benz, Hans Mislin, herausgegeben von Erwin Stein.

Palazzo Pitti, Teil des Mittelflügels

Ghiberti

Brunelleschi

Abrahams Opfer

San Spirito

Die Grablegung

Madonna in San Lorenzo

Aus der „Bezahlung des Zinsgroschens", Cappella Brancacci

Skizze des Juliusgrabes. 1513

Aus den Fresken des Palazzo Riccardi

Bauwelt Fundamente

1 Ulrich Conrads (Hrsg.), Programme und Manifeste zur Architektur des 20. Jahrhunderts
2 Le Corbusier, 1922 – Ausblick auf eine Architektur
3 Werner Hegemann, 1930 – Das steinerne Berlin
4 Jane Jacobs, Tod und Leben großer amerikanischer Städte*
5 Sherman Paul, Louis H. Sullivan*
6 L. Hilberseimer, Entfaltung einer Planungsidee*
7 H. L. C. Jaffé, De Stijl 1917–1931*
8 Bruno Taut, Frühlicht 1920–1922*
9 Jürgen Pahl, Die Stadt im Aufbruch der perspektivischen Welt*
10 Adolf Behne, 1923 – Der moderne Zweckbau*
11 Julius Posener, Anfänge des Funktionalismus*
12 Le Corbusier, 1929 – Feststellungen
13 Hermann Mattern, Gras darf nicht mehr wachsen*
14 El Lissitzky, 1929 – Rußland: Architektur für eine Weltrevolution*
15 Christian Norberg-Schulz, Logik der Baukunst
16 Kevin Lynch, Das Bild der Stadt*
17 Günter Günschel, Große Konstrukteure 1
18 nicht erschienen
19 Anna Teut, Architektur im Dritten Reich 1933–1945*
20 Erich Schild, Zwischen Glaspalast und Palais des Illusions
21 Ebenezer Howard, Gartenstädte von morgen
22 Cornelius Gurlitt, Zur Befreiung der Baukunst*
23 James M. Fitch, Vier Jahrhunderte Bauen in USA*
24 Felix Schwarz und Frank Gloor (Hrsg.), „Die Form" – Stimme des Deutschen Werkbundes 1925–1934
25 Frank Lloyd Wright, Humane Architektur*
26 Herbert J. Gans, Die Levittowner. Soziographie einer »Schlafstadt«
27 Günter Hillmann (Hrsg.), Engels: Über die Umwelt der arbeitenden Klasse
28 Philippe Boudon, Die Siedlung Pessac – 40 Jahre*
29 Leonardo Benevolo, Die sozialen Ursprünge des modernen Städtebaus*

30 Erving Goffman, Verhalten in sozialen Strukturen*
31 John V. Lindsay, Städte brauchen mehr als Geld*
32 Mechthild Schumpp, Stadtbau-Utopien und Gesellschaft*
33 Renato De Fusco, Architektur als Massenmedium
34 Gerhard Fehl, Mark Fester und Nikolaus Kuhnert (Hrsg.), Planung und Information
35 David V. Canter (Hrsg.), Architekturpsychologie
36 John K. Friend und W. Neil Jessop (Hrsg.), Entscheidungsstrategie in Stadtplanung und Verwaltung
37 Josef Esser, Frieder Naschold und Werner Väth (Hrsg.), Gesellschaftsplanung in kapitalistischen und sozialistischen Systemen*
38 Rolf-Richard Grauhan (Hrsg.), Großstadt-Politik*
39 Alexander Tzonis, Das verbaute Leben*
40 Bernd Hamm, Betrifft: Nachbarschaft
41 Aldo Rossi, Die Architektur der Stadt*
42 Alexander Schwab, Das Buch vom Bauen
43 Michael Trieb, Stadtgestaltung*
44 Martina Schneider (Hrsg.), Information über Gestalt
45 Jörn Barnbrock, Materialien zur Ökonomie der Stadtplanung
46 Gerd Albers, Entwicklungslinien im Städtebau*
47 Werner Durth, Die Inszenierung der Alltagswelt
48 Thilo Hilpert, Die Funktionelle Stadt*
49 Fritz Schumacher (Hrsg.), Lesebuch für Baumeister
50 Robert Venturi, Komplexität und Widerspruch in der Architektur
51 Rudolf Schwarz, Wegweisung der Technik und andere Schriften zum Neuen Bauen 1926–1961
52 Gerald R. Blomeyer und Barbara Tietze, In Opposition zur Moderne
53 Robert Venturi, Denise Scott Brown und Steven Izenour, Lernen von Las Vegas
54/55 Julius Posener, Aufsätze und Vorträge 1931–1980
56 Thilo Hilpert (Hrsg.), Le Corbusiers „Charta von Athen". Texte und Dokumente. Kritische Neuausgabe
57 Max Onsell, Ausdruck und Wirklichkeit
58 Heinz Quitzsch, Gottfried Semper – Praktische Ästhetik und politischer Kampf
59 Gert Kähler, Architektur als Symbolverfall
60 Bernard Stoloff, Die Affaire Ledoux

61 Heinrich Tessenow, Geschriebenes
62 Giorgio Piccinato, Die Entstehung des Städtebaus
63 John Summerson, Die klassische Sprache der Architektur
64 G. Fischer, L. Fromm, R. Gruber, G. Kähler und K.-D. Weiß, Abschied von der Postmoderne
65 William Hubbard, Architektur und Konvention
66 Philippe Panerai, Jean Castex und Jean-Charles Depaule, Vom Block zur Zeile
67 Gilles Barbey, WohnHaft
68 Christoph Hackelsberger, Plädoyer für eine Befreiung des Wohnens aus den Zwängen sinnloser Perfektion
69 Giulio Carlo Argan, Gropius und das Bauhaus
70 Henry-Russell Hitchcock und Philip Johnson, Der Internationale Stil – 1932
71 Lars Lerup, Das Unfertige bauen
72 Alexander Tzonis und Liane Lefaivre, Das Klassische in der Architektur
73 Elisabeth Blum, Le Corbusiers Wege
74 Walter Schönwandt, Denkfallen beim Planen
75 Robert Seitz und Heinz Zucker (Hrsg.), Um uns die Stadt
76 Walter Ehlers, Gernot Feldhusen und Carl Steckeweh (Hrsg.), CAD: Architektur automatisch?
77 Jan Turnovský, Die Poetik eines Mauervorsprungs
78 Dieter Hoffmann-Axthelm, Wie kommt die Geschichte ins Entwerfen?
79 Christoph Hackelsberger, Beton: Stein der Weisen?
80 Georg Dehio und Alois Riegl, Konservieren, nicht restaurieren, Herausgegeben von Marion Wohlleben und Georg Mörsch
81 Stefan Polónyi, ... mit zaghafter Konsequenz
83 Christoph Feldtkeller, Der architektonische Raum: eine Fiktion (in Vorbereitung)
84 Wilhelm Kücker, Die verlorene Unschuld der Architektur (in Vorbereitung)
85 Ueli Pfammatter, Moderne und Macht (in Vorbereitung)
86 Christian Kühn, Das Schöne, das Wahre und das Richtige (in Vorbereitung)
87 Georges Teyssot, Die Krankheit des Domizils (in Vorbereitung)
88 Leopold Ziegler, Florentinische Introduktion

---

*vergriffen

John Summerson

Die klassische Sprache der Architektur

Architekturtheorie/Baugeschichte

Band 63 der Bauwelt Fundamente.
1983. 149 Seiten mit 139 Abbildungen

ARCHITEKTUR ■ **BEI VIEWEG**

Bei Fragen zur Produktsicherheit wenden Sie sich bitte an:
If you have any questions regarding product safety,
please contact:

Birkhäuser Verlag GmbH
Im Westfeld 8
4055 Basel, Schweiz
productsafety@degruyterbrill.com